Business & Accounting

企業と会計

水口　剛・平井裕久・後藤晃範
［著］

税務経理協会

はじめに

1 なぜ「企業と会計」を学ぶのか

　この本の目的は，企業と会計に関わる基本的なことがらを，短時間で，大づかみに知ってもらうことにあります。それは，経営学や会計学を学んでいく上で基礎になるものです。

　企業とはどういうものかということは，実際に企業の現場に身を置いたり，経営学のさまざまな専門分野を学んだりして，初めて本当にわかるのかもしれません。けれども，あらかじめ，企業とはこういうものだというイメージをもっておけば，同じ経験からも多くのことを学べますし，専門分野の内容も理解しやすくなるはずです。そこで経営学を学ぶ際，最初に，企業についての具体的なイメージをもっておくことが大切になります。

　もっとも，現役のビジネスマンでさえ，直接担当している業務以外のことは意外にわからないものです。まして，大学生などのように，まだ企業に勤めたことのない人の場合は難しいでしょう。それではどうしたら，企業の具体的なイメージをつかむことができるのでしょうか。そのための近道の1つが，会計です。会計とは，企業活動の成果を数値で表すものだからです。会計を理解すれば，企業が利益を生み出す構造もわかります。そこで本書では，企業と会計に関して最低限何を知っていればいいか，その道案内をしたいと思います。

　最近では「会社の数字が読める」，つまり会計上の数値の意味が理解できるということが，ビジネスマンに求められる基本的な素養だと考えられるようになってきました。少し大きな書店に行けば，「○時間でわかる会計」のような本が並んでいます。経営学や会計学を専門にしない人にとっても，最低限の常識として企業と会計に関わる知識が必要だということでしょう。本書はそのためにも役立ちます。

2 「企業と会計」で何を学ぶのか

　本書の特徴は，企業と会計に関わる分野の全体像がわかるように，幅広い内容を扱っていることです。もちろん1冊で全体を見ようとするのですから，1つ1つは簡単にしか扱えません。ここで扱うのは簿記や経営分析，財務会計，管理会計などのエッセンスです。簡略化したり，省略したりしている部分もありますので，本書を通じて興味がわいた分野があれば，さらに本格的に学ぶことをお薦めします。この本がしようとしているのは，皆さんをその入り口へと案内することです。主に次のような内容を扱います。

［企業を取り巻く制度］

　まず企業と会計の前提となる「制度」を理解する必要があります。企業活動は，さまざまな制度に支えられています。経営や会計を学ぶ際にも，その前提として，こういった制度についてある程度知っておいた方がいいでしょう。株式会社制度とは何か，証券市場にはどのような規制があるのか，そういうことを全く知らずに会計の話はできません。そこで，第1章と第2章で，企業と会計に関連する制度の概要を説明します。

［外部に報告する会計とその作り方］

　会計には企業が外部に報告するための会計（財務会計）と，内部で利用するための会計（管理会計）があります。第3章では，そのような会計の全体像を説明した上で，外部への報告の中心となる貸借対照表と損益計算書を取り上げて，それがどのようなものかということを解説します。また，会社の数字を読むためには，それらの数字がどうやってつくられているのかも，ある程度知っておいた方がいいでしょう。そこで第4章と第5章で，日々の取引の記録から貸借対照表と損益計算書をつくる方法の概要をお話しします。「簿記」と呼ばれる分野の入門編です。さらに第6章では，貸借対照表や損益計算書と並ぶ報告書類であるキャッシュ・フロー計算書と株主資本等変動計算書について見ていきます。

はじめに

[会計情報をどう読み解くか]

その上で、第7章から9章まで、貸借対照表と損益計算書をどう読んだらいいのか、会計数値の見方を学びます。単に数字をそのまま見るのでなく、さまざまな比率を計算して読み解いていく方法です。これは「経営分析」と呼ばれる分野への入り口です。

[経営管理のための会計]

第10章から第12章までは、会計を企業内部の管理に利用する方法を紹介します。製品の原価を管理すること、売上と利益の関係を理解すること、設備投資の可否を判断することなど、管理会計の代表的な領域を順番に見ていきます。会計の話ばかり、と思うかもしれませんが、このような会計の話を通して、企業活動とはどういうものかが見えてくるはずです。

[企業を理解する上で欠かせない関連分野]

第13章では、株式市場の働きに目を転じます。株価はどうやって決まるのかというところから、資本市場の働きを見ていきましょう。第14章は税金です。企業の利益には法人税という税金がかかります。この税金のあり方が企業経営に影響するので、法人税の計算を知っておくことも大事です。

[企業の社会的責任について考える]

最後に第15章で、企業の社会的責任について考えます。現代の企業はグローバルな競争にさらされていますから、その中できちんと利益を上げ、生き残っていくことも重要な責任です。しかし、利益はその大きさだけでなく、何をして稼ぐのかという、「稼ぎ方」が問題です。それが社会にさまざまな影響を与えるからです。今の社会は、エネルギーと気候変動の問題や水資源の不足、生物多様性の保護、貧困と経済格差、国際紛争など、多くの課題に直面しています。それらの多くは経済と密接に関係し、経済活動は主に企業によって担われています。それゆえ、これらの課題に対して企業がどのような責任をもち、どのような役割を果たすかが重要になるのです。「企業活動には責任が伴う」ということは、経営学の中ではじめに学ぶべきことの1つでしょう。

3　本書をどう読むか

　本書をどう読むかは，もちろん読者の自由です。しかし著者が考える「より効果的な読み方」がありますので，それを説明しておきましょう。

　まず，会計は一種の技術です。技術は身につかなければ意味がありません。身につくとは，考えなくてもできるようになるということです。そのためには，自分で手を動かしてみることが一番です。本書は，各章の最後に演習問題を付けています。問題のスタイルは章のテーマに応じてさまざまですが，計算問題は実際に電卓を使って計算してみるとよいでしょう。また，経営分析の章では，自分の興味のある会社の貸借対照表や損益計算書を手に入れて，実際に分析してみてはどうでしょうか。

　一方，会計には制度としての側面もあります。制度である以上，きちんと理解して対応しなければなりませんが，単に受身的に学ぶだけでなく，批判的な視点をもつことも重要です。制度をつくっているのは，結局のところ，私たち自身だからです。ですから，

「なぜそういう制度になっているのか」

「そのような制度や技術は，どういう影響を生んでいるのか」

「本当に，今のようなやり方でよいのか」

といったことを常に考えながら読んでほしいと思います。

　それは，問題意識をもつ，ということです。世の中の通説や常識であっても，なぜそうなのか，本当にそれでよいのか，と疑ってみる。それが問題意識です。批判的な視点をもつとはそういうことです。ところがやっかいなことに，問題意識は教えることができません。一人一人違うものだからです。本書を通して，あるいは社会に関心をもつことで，自分自身の問題意識を見つけてください。

4　本書は，こんな人に薦めます

本書が想定する主な読者は，次のような人たちです。
- これから経済，経営，会計を学ぼうとする大学の初年次生。
- 経済や経営は専門ではないが，最低限の常識を身に付けておきたいと思う人。
- 企業での経験を体系的に整理したいと考えるビジネスマン。

5　本書が目指すもの

本書が目指す到達目標は以下の5点です。
① 企業と会計を取り巻く基本的な制度（株式会社制度，証券市場，情報開示など）を理解する。
② 複式簿記の基本的な仕組みがわかり，ごく簡単な取引事例から貸借対照表と損益計算書をつくれるようになる。
③ 貸借対照表と損益計算書の基本的な読み方がわかり，初歩的な経営分析ができる。
④ 会計の管理的な利用方法の基礎を知る。
⑤ 社会と企業のあり方に対する問題意識をもつ。

6　本書の成り立ち

　本書は，「企業と会計」という授業から生まれました。これは，経済学や経営学を専攻する大学1年生が，専門科目に進む前に，経営学や会計学の分野で，なぜ，どのようなことを勉強するのか，その全体像をつかむために導入した科目です。半期15週のこの授業のために，水口が平井と協力して作成した15回分の講義資料が，この本の原型になっています。その後，平井の大学院時代の先輩である後藤の参加も得て大幅な改稿を行い，出版に至りました。

　本書がこれから経営学や会計学を学ぶ人たちの道しるべになれば幸いです。また，一通り経済学や経営学を学んだビジネスマンの方々が，もう一度，全体の知識を整理するのにも役立つものと思います。

本書出版にあたり，税務経理協会の新堀博子様に大変ご尽力頂きました。深く感謝致します。

2011年9月

水口　　剛
平井　裕久
後藤　晃範

資格・検定

公認会計士
上場企業等の会計監査を行う専門家で，国家資格です。
- 日本公認会計士協会 (http://www.hp.jicpa.or.jp/)
- 公認会計士・監査審査会 (http://www.fsa.go.jp/cpaaob/index.html)

米国公認会計士（USCPA）
アメリカ合衆国における公認会計士の資格です。日本で会計監査業務をすることはできませんが，会計の専門家として国際的に活躍する道が開けます。試験は英語ですが，日本の試験会場で受験することも可能です。
- American Institute of CPAs (http://www.aicpa.org/)
- National Association of State Boards of Accountancy
   (http://www.nasba.org)

税理士
税務代理，税務書類の作成，税務相談を行う専門家で，国家資格です。
- 日本税理士会連合会 (http://www.nichizeiren.or.jp/)
- 国税庁
   (http://www.nta.go.jp/sonota/zeirishi/zeirishishiken/zeirishi.htm)

中小企業診断士
中小企業の経営課題に対応するための診断・助言を行う専門家で，国家資格です。
- 社団法人中小企業診断協会 (http://www.j-smeca.jp/)

国税専門官（公務員）

国税局や税務署において，税のスペシャリストとして法律・経済・会計等の専門知識を駆使する国家公務員で，国税調査官，国税徴収官，国税査察官といった職種に分かれています。

・国税庁（http://www.nta.go.jp/soshiki/saiyo/saiyo02/02.htm）

証券アナリスト

証券分析業務に必要な専門的知識と分析技術の習得について認定するものです。

・公益社団法人日本証券アナリスト協会（http://www.saa.or.jp/）

証券外務員

証券会社や銀行などに所属し，顧客に対して金融商品等を勧誘する等の金融商品取引業務を適正に行うための資格です。

・日本証券業協会
　（http://www.jsda.or.jp/html/oshirase/open/shikaku.html）

ファイナンシャル・プランナー（ＦＰ）
ファイナンシャル・プランニング技能士

ライフスタイルや価値観，経済環境を踏まえて，顧客に関するあらゆるデータを分析し，顧客のライフプランに関して，長期的かつ総合的な視点でさまざまなアドバイスや資産設計を行い，併せてその実行を援助する専門家です。

・日本ＦＰ協会（http://www.jafp.or.jp/）
・一般社団法人金融財政事情研究会
　（http://www.kinzai.or.jp/ginou/fp/index.html）

簿記検定

　企業規模の大小や業種，業態を問わず，日々の経営活動を記録・計算・整理して，経営成績と財政状態を明らかにする技能を検定するものです。

　・日本商工会議所・各地商工会議所
　　　（http://www.kentei.ne.jp/bookkeeping/）

BATIC（国際会計検定）

　英語による基本的な会計取引（英文簿記）とその応用的な知識である国際会計理論の理解を求め，グローバルなビジネスシーンにおいて不可欠な英語力と国際会計スキルを同時に測る検定試験です。

　・東京商工会議所（http://www.kentei.org/batic/）

建設業経理検定

　建設業経理に関する知識と処理能力の向上を図ることを目的とした検定試験です。1級及び2級は，公共工事に係る経営事項審査の評価対象ともなっています。

　・財団法人建設業振興基金
　　　（http://www.kensetsu-kikin.or.jp/gyom2/index.html）

目　　次

はじめに ———————————————————————————— i

資格・検定 ——————————————————————————— vii

1　株式会社制度を知ろう

- **1** 企業と制度 ———————————————————————— 1
- **2** 株式会社の意義－事業のリスクを分け合う仕組み —————— 2
- **3** 株主の権利と義務 ———————————————————— 3
- **4** 所有と経営の分離 ———————————————————— 4
- **5** アカウンタビリティとは何か ——————————————— 6
- **6** 会社は誰のものか ———————————————————— 7
- Column　会社をつくろう！ ————————————————— 8
- 補論　会社法は何を決めているのか ——————————————— 9

2　資金を集める仕組みを知ろう

- **1** 経営とは何をすることか ————————————————— 13
- **2** 資金を集めるための市場 ————————————————— 14
  - (1) 発行市場とは何か —————————————————— 14
  - (2) 流通市場とは何か —————————————————— 15
  - (3) 上場とは何か ———————————————————— 16
  - (4) 流通市場の働き ——————————————————— 18
- **3** 情報開示の必要性－アカウンタビリティから意思決定有用性へ ——— 19

I

 (1) 金融商品取引法と有価証券報告書 ———————————— 19
 (2) なぜ情報開示を義務付けるのか ——————————————— 19
4 有価証券報告書の記載内容 ———————————————————— 20
5 粉飾と会計監査 ————————————————————————————— 22
 Column 有価証券報告書を手に入れるには ———————————— 23
 補論 金融商品取引法は何を決めているのか ————————— 24

3 財務諸表を理解しよう

1 会計とは何か ———————————————————————————————— 27
 (1) 財務会計と管理会計 ———————————————————————— 27
 (2) 日々の記帳と期末の決算 ———————————————————— 28
 (3) 技術としての会計 ————————————————————————— 29
 (4) 制度としての会計 ————————————————————————— 29
2 財務諸表の種類 ————————————————————————————— 31
3 損益計算書とは何か ——————————————————————————— 32
 (1) 期間損益計算という考え方 ——————————————————— 32
 (2) 損益計算書の基本構造 —————————————————————— 33
 (3) 発生主義の考え方 ————————————————————————— 35
4 貸借対照表とは何か ——————————————————————————— 36
 (1) 貸借対照表の基本構造 —————————————————————— 36
 (2) 借方と貸方 ————————————————————————————————— 41
 (3) 勘定科目を理解しよう —————————————————————— 41
 (4) 企業の財務体質を考える ———————————————————— 43
 Column ルールと企業行動 ———————————————————————— 46
 補論 国際会計基準とは何か ———————————————————————— 47

目　次

4　簿記の仕組みを知ろう

- **1** 取引を「仕訳」で記録する ——— 51
  - (1) 仕訳とは何か ——— 51
  - (2) 設例で考える ——— 52
- **2** 仕訳を元帳に「転記」する ——— 56
- **3** 元帳から試算表へ ——— 58
- **4** 精算表の使い方－B／S，P／Lはこうできる ——— 61
- Column　なぜ簿記を学ぶのか ——— 62
- 補論　より詳しく簿記を学びたい人のために ——— 64

5　連結財務諸表とは何か

- **1** 企業集団という考え方 ——— 77
- **2** 連結財務諸表の種類 ——— 78
- **3** なぜ連結が重要なのか ——— 79
- **4** 連結決算の仕方 ——— 80
- **5** 未実現利益とは何か ——— 80
- **6** 少数株主とは何か ——— 82
- **7** 持分法とは何か ——— 83
- Column　会計の限界 ——— 84
- 補論　連結決算の方法 ——— 85

6 キャッシュ・フロー計算書を知ろう

- **1** なぜキャッシュ・フロー計算書に着目するのか ------------------ 87
- **2** キャッシュ・フロー計算書の構造 ------------------------------------- 88
  - (1) 営業活動によるキャッシュ・フロー -------------------------- 89
  - (2) 投資活動によるキャッシュ・フロー -------------------------- 91
  - (3) 財務活動によるキャッシュ・フロー -------------------------- 91
- **3** キャッシュ・フロー計算書の読み方 ---------------------------------- 91
  - (1) プラスとマイナスの意味を考える ----------------------------- 91
  - (2) キャッシュ・フローを読み取ろう ----------------------------- 92
- **4** キャッシュ・フロー計算書の利用 ------------------------------------- 93
- **5** 株主資本等変動計算書とは何か -- 93

7 貸借対照表を読もう －安全性の分析－

- **1** 倒産とは何か --- 97
  - (1) どうなったら倒産なのか -- 97
  - (2) 事実上の倒産 --- 99
- **2** 自己資本比率 --- 99
- **3** 流動比率 -- 101
- **4** 固定比率 -- 102
- Column 数字だけではわからないこと ------------------------------------- 103
- 補論 倒産処理の手続 --- 105

目　次

8 損益計算書を読もう

1 売上と利益から何を読み取るか ―― 107
(1) 売上高が意味するもの ―― 107
(2) 売上総利益とは何か ―― 108
(3) 営業利益とは何か ―― 110
(4) 経常利益とは何か ―― 110
(5) 当期純利益とは何か ―― 111

2 損益計算書をどう読むか ―― 111
(1) 売上高利益率の計算 ―― 111
(2) 企業間比較と期間比較 ―― 112

3 連結財務諸表をどう読むか ―― 113

9 B/SとP/Lを結びつけて読もう －収益性分析－

1 資本利益率とは何か ―― 115
(1) 資本利益率の基本形 ―― 115
(2) 自己資本利益率（ROE） ―― 116
(3) 総資本利益率（ROA） ―― 117

2 資本利益率の分解 ―― 118

3 レバレッジ効果 ―― 119

Column　ROEによる評価の限界 ―― 121
補論　ROEとROAの関係 ―― 125

V

10 製品の原価を管理しよう

- **1** 原価計算とは何か ----- 127
- **2** 製品の原価を計算する ----- 128
  - (1) 実際に原価を計算してみよう ----- 128
  - (2) 直接費と間接費 ----- 129
  - (3) さまざまな原価計算方法 ----- 131
- **3** 製品の価格はどう決めるのか ----- 131
- **4** どうすれば原価を下げられるのか ----- 133
  - (1) 原価低減の落とし穴 ----- 133
  - (2) 歩留まり管理 ----- 134
  - (3) 設計段階で原価をつくりこむ ----- 134
- Column　原価は低ければいいのか ----- 135
- 補論　標準原価計算とは何か ----- 136

11 利益を生み出す売上高を知ろう－損益分岐点分析－

- **1** 管理会計とは ----- 139
- **2** 利益計画と直接原価計算 ----- 140
- **3** 固定費と変動費 ----- 141
- **4** 損益分岐点分析 ----- 142
  - (1) 損益分岐点とは何か ----- 142
  - (2) 損益分岐点の計算 ----- 144
  - (3) 貢献利益から考える ----- 145
  - (4) 売上目標を考える ----- 147

(5) 損益分岐点を下げるには ---------- 147
5 企業の費用構造を見る ---------- 149
Column　固定費の変動費化－なぜ非正規雇用が増えるのか ---------- 151

12　投資の可否を判断する

1 意思決定会計 ---------- 153
2 資金の時間的価値 ---------- 155
　(1) 「現在価値に割り引く」とは何をすることか ---------- 155
　(2) 割引率とは何か ---------- 156
3 設備投資の意思決定 ---------- 156
　(1) 設備投資の意思決定とは何か ---------- 156
　(2) 回収期間法 ---------- 157
　(3) 正味現在価値法（ＮＰＶ法） ---------- 158
4 設備投資の意思決定は正しいか ---------- 160

13　株式市場は企業をどう評価しているか

1 株価はどうやって決まるのか ---------- 161
2 リスクとリターンの関係 ---------- 162
3 企業価値とは何か ---------- 166
4 株価を読む ---------- 167
Column　株価は正しいのか ---------- 168
補論　ポートフォリオ理論の計算 ---------- 169

14 法人税の計算を理解しよう

- **1 さまざまな税金** ---- 173
  - (1) 資産への課税 ---- 175
  - (2) 消費への課税 ---- 175
  - (3) 所得への課税 ---- 175
- **2 法人税の仕組み** ---- 176
  - (1) 課税所得の計算 ---- 176
  - (2) 法人税額の計算 ---- 178
  - (3) 法人住民税，法人事業税 ---- 181
  - (4) 税効果会計 ---- 181
- **3 税制と経営** ---- 182

15 企業の責任について考えよう

- **1 企業の社会的責任（CSR）とは何か** ---- 185
- **2 なぜCSRが必要なのか** ---- 188
  - (1) 企業の立場からのCSR ---- 188
  - (2) 社会的課題解決の手段としてのCSR ---- 189
  - (3) 持続可能な社会のためのCSR ---- 192
- **3 CSRをどのように実践するか** ---- 193
  - (1) CSRの実施体制 ---- 193
  - (2) ステイクホルダーとの対話 ---- 194
  - (3) CSRの情報開示 ---- 194
  - (4) 投資家の社会的責任 ---- 196
  - Column 社会の課題に取り組む企業たち ---- 198

索 引 ---- 201

1 株式会社制度を知ろう

　現代の企業のほとんどは,「株式会社」という形式をとっています。これは,多くの株主からお金を集めて事業を行うための制度です。この制度がうまくいくためには,株主が安心してお金を出せるようなさまざまな仕組みが必要です。経営者が毎年きちんと会計をして,株主に報告するというのも,そのための仕組みの1つです。そこで,最初に,現代の企業を理解するための基礎となる,このような株式会社の基本的な制度について解説することにしましょう。

Points

- 株式会社は資金を集め,リスクを分担する仕組み
- 株式会社ではコーポレート・ガバナンスが大事
- 経営者にはアカウンタビリティ（説明責任）がある

1　企業と制度

　「企業」と「会社」という言葉は,普通は同じような意味で使いますが,どう違うのでしょうか。事業活動（Business）を行う主体のことを,経営学では一般に「企業」と言います。大企業,中小企業などのように,日常用語としても使います。

　一方,実際に企業として活動を行うためには,法律上,一定の地位を得ておく方が便利です。もちろんそういうものは何もなしで,個人として事業を行っても構いません。その場合には「個人企業」などと呼ばれます。けれどもある

程度，事業の規模が大きくなれば，法的にも1つの企業として認めてもらう必要が出てきます。そのときに，法律の規定に基づいてつくるのが「会社」という組織です。会社にもいくつかの種類があるのですが，日本では株式会社がほとんどですから，本書では，会社といったら，株式会社のことだと考えてください。株式会社の作り方や運営に関わる決まりは，日本では「会社法」という法律で定められています。

それでは，なぜ株式会社という制度がこれほど広まっているのでしょうか。それは，事業活動を行うために，多額の資金を集められる制度だからです。次にこのことを説明していきましょう。

2　株式会社の意義——事業のリスクを分け合う仕組み

もしあなたが1人で事業を興そうと思ったら，まずは自分の資金，つまり自己資金で始めようと思うでしょう。事業には資金が必要です。店舗を借りたり，必要な物を購入したり，商品を仕入れたりと，必ず最初にお金がかかります。もちろん，それ以上に儲かると思うから事業を始めるわけですが，やってみたらうまくいかないということもあり得ます。このような，事業がうまくいかないかもしれない可能性のことを，事業のリスクと言います。

自己資金で事業を始めたとき，もし事業がうまくいかなければ，その分，自己資金が減ってしまいます。つまり事業の損失は，自己資金で負担する以外にありません。このことを，「事業のリスクを負担する」と表現します。事業には必ずリスクがありますから，誰かがリスクを負担しなければ事業は興せないわけです。リスクを負担する資金のことをリスク・マネーなどと呼びますが，リスク・マネーがなければ，事業はできないのです。その代わり，事業がうまくいったなら，その利益は資金を出した自分のものです。

さて，事業を始めるときに，もし自己資金だけしか使わないとすれば，事業の規模は，もっている自己資金の額に制約されることになります。よほど大金持ちでなければ，多額の初期投資を必要とするような規模の大きな事業はできなくなってしまいます。それでは，せっかくの事業の機会を逃すことにもなり

ますし，経済の発展にも足かせとなります。では，事業をするのに自己資金だけで足りなかったら，どうすればよいでしょうか。

　銀行から借りてくる，というのも1つの方法です。けれども銀行からの借入には，自己資金とは決定的に違うことがあります。それは，事業のリスクを負担しないということです。たとえば借入金には利息がつきますが，通常このときの利子率は固定されていて，事業が成功しようと失敗しようと，必ず一定の利息を払います。また事業の成否に関わらず，基本的には元本を返済しなければなりません。会社の調子が悪いから，返済もちょっと待ってくれというのは，会社が倒産しない限り，原則として通用しないのです。

　言い換えれば，借入金の比率があまりに大きくなりすぎるのは危険です。支払うべき利息が大きくなったり，元本が返せなくなったりして，結局，倒産しかねないからです。銀行の人もそう考えますから，普通は，十分な自己資金のない企業にそれほど大きなお金は貸しません。そこで，自己資金が足りないとき，自分以外にリスク・マネーを出してくれる人がいると助かります。そのような資金を集めるための仕組みが株式会社です。

　株式会社とは，「株式」を発行して資金を集める会社です（株式とは何か，については，次の**3**で説明します）。この場合の資金は自己資金と同じで，会社が儲かれば利益の配分を受けます。これを「配当(はいとう)」と言います。逆に，会社が損失を出しているときは配当も支払われず，元本の保証もありません。つまり，この資金は事業のリスクを負担する資金というわけです。このように株式会社という制度には，創業者の自己資金を超えて，社会から幅広くリスク・マネーを集め，多くの株主によってリスクを分担するという意義があります。

3　株主の権利と義務

　株式会社に関する法制度を詳しく解説することは，本書の役割を超えていますが，ここでその概要を簡単に説明しておきましょう。

　上で述べたように，株式会社とは「株式」を発行し，この株式と引き換えに資金を集める会社です。このとき，株式を取得して，会社に資金を出すことを

出資と言い，資金を出す人のことを「株主(かぶぬし)」と言います。株主が出した資金は，会社の財産として事業のリスクを負担するわけですから，株式会社は株主の資金によって経営される会社ということになります。そこで株主は会社の構成員として扱われ，種々の権利をもちます。株式とは，このような株主の法律上の地位を表すもので，会社の「持分(もちぶん)」を表すとも呼ばれます。

株主には，お金を出した見返りとして，会社から経済的な利益を得る権利があります。これは，自分の利益のための権利なので，総称して「自益権(じえきけん)」と言います。たとえば，配当をもらえる権利（配当請求権）が代表的です。また，あまり考えたくないことですが，会社が倒産してしまった場合，債権者に借金を返した上で残りがあれば分配を受けられる権利（残余財産分配請求権）もあります。

また，株主には会社の運営に参加する権利もあります。これは，株主の共通の利益のための権利ということで，「共益権(きょうえきけん)」と呼ばれます。たとえば，株主総会で議案を提案したり，投票したりする権利です。

これに対して，株主の義務は，新規に発行された株式を引き受けるときに，出資をすることだけです。義務はそれだけで，それ以上の義務は負いません。たとえば会社が借金を背負って倒産した場合，出資した金額は返ってきません。事業のリスクを負担するとはそういうことです。しかし，それ以上に債権者から会社の借金の返済を迫られたり，個人財産を差し押さえられたりすることはありません。これを「有限責任の原則」と言います。事業のリスクを負担するといっても，無制限に負担するわけではないのです。

4 所有と経営の分離

それでは会社は，実際には，誰が経営するのでしょうか。創業者が自己資金だけで興した会社や，数人の仲間が株主になってつくった会社の場合には，資金を出した当人が直接経営にあたる，ということができるでしょう。松下幸之助もビルゲイツも，会社をつくった当初は，そうやって自分で経営していたのです。

けれども，多額の資金を集めるために多くの株式を発行し，株主の数が多くなってくれば，すべての株主が直接経営にあたるというわけにはいかなくなります。そこで，株主が集まって，経営に責任をもつ人を選びます。株主が集まって，会社全体のことを決める場を株主総会と言い，経営に責任をもつ役割の人を，会社法では取締役と言います。そして多くの場合，取締役の中から，会社を代表して行動する役割の代表取締役を選びます。会社には，社長や副社長といった役職がありますが，これらは会社法上の用語ではなく，個々の会社が独自に定めているものです。社長や副社長は，法律上は，代表取締役になっているのが普通です。彼らは，より一般的には，経営者あるいは経営陣などと呼ばれます。

経営者は，何も株主でなくてもいいでしょう。その会社の経営に精通した専門家に委託すればいいのです。このように，会社にお金を出す人と，実際に経営する人が異なることを，所有と経営の分離と言います[1]。そして所有と経営が分離したとき，コーポレート・ガバナンス（corporate governance）が問題になります。

コーポレート・ガバナンスとは，企業経営の基本的な方針を決定し，経営者に実際にそのように経営させるということを意味し，日本語で企業統治と訳されます。最近は「コーポレート・ガバナンス」とカタカナで書くことも増えてきました。これは，マネジメント（経営）と対比するとわかりやすいと思います。マネジメントとは，具体的に経営戦略を立て，従業員をうまく管理して，実際に事業活動を遂行させる指揮官の役割ですが，コーポレート・ガバナンスはその上位にあって，マネジメントの方向を決定します。

少し大きな会社になれば，株主は会社に出資しますが，自分で直接経営をするわけにいきませんから，経営者に経営を委任します。当然，経営者は株主のために経営をする義務を負うわけですが，本当に株主のために経営をするとは

---

[1] 単に専門の経営者に経営を委託するだけでなく，株主が会社に対する実質的な支配力を失い，経営者が会社を実質的にコントロールするようになることを，所有と支配の分離と呼ぶこともあります。

限りません。何しろ，経営者は日々，会社の経営に直接関わっているわけですが，株主はそうではないので，経営者の方が圧倒的に有利な立場にいるわけです。その立場を利用して，株主の利益よりも，自分の利益を優先しないとも限らないでしょう。そこで，経営者の行動をきちんと監視することが必要になります。この点に，コーポレート・ガバナンスの意義があります。そのために会社に監査役を置く，取締役会の中に監査委員会や報酬委員会を設置するなど，会社法はさまざまな選択肢を用意しています。

5 アカウンタビリティとは何か

　経営者は，株主の資産を預かり，その経営を委託されているのですから，当然，委託に沿って経営する責任があります。けれども，経営者が本当に株主のために行動しているのかどうか，外からは，簡単にはわかりません。一方，株主が経営者を信頼することができなければ，安心して経営を任せることができず，この制度は成り立ちません。そこで，経営者は，どのような経営を行い，どのような成果を上げたのかを，株主に説明する責任があると考えます。

　このように何らかの権限や財産の委託を受けたとき，その実行状況や結果について説明が求められるという考え方があり，そのような責任をアカウンタビリティ（accountability：説明責任）と呼びます。この考え方は，株主と経営者の関係に限られません。たとえば，政府や政治家は国民から権力や税金を負託されているのですから，国民に対してアカウンタビリティを果たす必要があるでしょう。

　それでは経営者は何を報告すれば，株主に対してアカウンタビリティを果たしたことになるでしょうか。株主が利益を求めて資金を出しているとすれば，預かった資金をどのように使って，いくらの利益を生んだのかに関心があるはずです。それを金額で表すのが会計です。ですから会計を経営者と株主の関係で見ると，アカウンタビリティを果たすための手段という意味があります。

　このような考え方は，どうすれば実際に実践されるでしょうか。経営者の自主性に任せておいても，優れた経営者ならば，自ずからアカウンタビリティを

果たそうとするかもしれません。しかし，それではすべての企業がきちんとアカウンタビリティを果たすとは限らないでしょう。それが本当に重要なことならば，法制化して，強制する必要があります。そこで会社法は，毎年，会計の結果である貸借対照表や損益計算書などを株主総会に提出することを義務付けています。株主はそれを見て，経営者の成績を評価することができます。その意味で，アカウンタビリティを果たすということは，コーポレート・ガバナンスの中心をなす仕組みの1つと言っていいでしょう。

6　会社は誰のものか

　ここまで見てきたように，日本の株式会社制度は「会社は株主のもの」ということを前提にできています。株主は出資者なのだから当然と思うかもしれませんが，それでは，出資者であるとはどういうことでしょうか。

　会社は売上の中から，取引先に代金を支払い，従業員に給料を支払い，債権者に金利と元本を支払って，なお残りがあれば，株主が利益を手にします。取引先や従業員の取り分は契約によって決まっていますが，株主の取り分は不確定です。最初に述べたとおり，株主が事業活動のリスクを負っているのです。それが，出資者であるということの意味です。そしてリスクを負っている以上，果実も手にすべきだと考えます。だから会社は株主のものとされているのです。このことから，経営の目的は，株主の利益の最大化，あるいはその企業の市場での評価である企業価値の最大化だとよく言われます。

　この企業価値の最大化という考え方は，現代の経営学や経済学の中で，重要な位置を占めています。そのことは十分理解しておかなければなりません。けれども，「会社は株主のもの」というだけでは，重要なことを見落とすことになるでしょう。たとえば，会社で働く生身の人間の存在です。

　株主と経営者だけでは会社は動きませんから，会社は人を雇って働いてもらいます。彼ら従業員にとっては，会社は生活を支える場です。1日のうち相当の時間を職場で過ごします。仕事が生きがいという人もいるでしょうし，「うちの会社」という言い方が示すように，会社に対する帰属意識も生まれます。

それが事業活動の推進力にもなります。そして，会社の業績も彼らの意欲と能力に大きく左右されます。目に見えない技術やノウハウは個々の従業員の中に蓄積され，事業の思わぬアイディアも従業員の中から生まれてくるからです。特に，会社と従業員が運命共同体であるという感覚が強くなる中堅・中小企業では，会社は株主のものというより，従業員のものという方が実感に近いかもしれません。

　また企業活動は，株式会社制度や，第2章で述べる資本市場制度など，さまざまな制度によって支えられています。なぜそれらの制度を用意しているかといえば，それが社会にとって有用だと考えるからでしょう。その意味では，企業という仕組みは，究極的には，社会のためのものだとも言えそうです。「企業は社会の公器である」とは，よく言われることです。特に，企業規模が大きくなれば，それだけ社会的な影響も大きくなりますから，社会に対して一定の責任が生じると考えるべきではないでしょうか。企業の責任に関しては，本書の最後である第15章で改めて考えてみることにしましょう。

Column：会社をつくろう！

　会社をどうやってつくるかは，会社法で決められています。それは，次のようなプロセスです。今，あなたが会社をつくろうと思ったとしましょう。このとき，あなたは「発起人」ということになります。ほかにも何人か，発起人になってくれる仲間を集めてもいいでしょう。発起人は最初に会社の名前を決めます。この名前のことを「商号」と言います。次に会社の商号や目的や所在地などを書いた「定款」という文書をつくります。これが，その会社の約束事になります。定款は，公証人役場というところに行って，認証してもらわなければなりません。定款の認証が終わったら，銀行や信用金庫などの金融機関に出資金を払い込みます。以前は，最低資本金という制度があり，少なくとも1,000万円以上の資本金が必要でしたが，この制度はなくなりましたので，定款で定めた金額ならば，いくらでもかまいません。ただ，あまり少なすぎては，実際に仕事になりませんし，会社としての信用にも関わるでしょう。最後に，会社の所在地を管轄する法務局に行って，会社設立の「登

記」(一種の登録)をすれば、会社の出来上がりです。

　会社ができたら、税務署、県税事務所、市町村役場、労働基準監督署、ハローワーク、社会保険事務所などに行って、税金や雇用保険、健康保険などに関して必要な届け出をします。もちろん、形だけ会社をつくっても、実際に仕事がなければ意味がありません。そして、この「仕事をつくる」ということが、実は一番たいへんなことなのです。それでも、「いつか自分の会社をつくるぞ」と思ったら、楽しくなってきませんか。

演習問題

1. 株主の権利にはどのようなものがあるか、説明しなさい。
2. アカウンタビリティとは何か、説明しなさい。
3. 会社は誰のものと考えるべきか、あなたの考えを述べなさい。

補論　会社法は何を決めているのか

1　会社法の趣旨

　会社法の第1条は、「会社の設立、組織、運営及び管理については、他の法律に特別の定めがある場合を除くほか、この法律の定めるところによる」と規定しています。これは、全部で979条まである膨大な法律で、内容も複雑です。そのさわりだけを簡単に紹介することにしましょう。

　図表1-1に目次の要約を示しました。第1編から第8編までに分かれていますが、中心になるのは第2編の株式会社の部分です。その中で、株主総会や取締役などについては第4章の「機関」のところで、また、会計については第5章の「計算等」のところで定めています。

図表1-1　会社法の概要

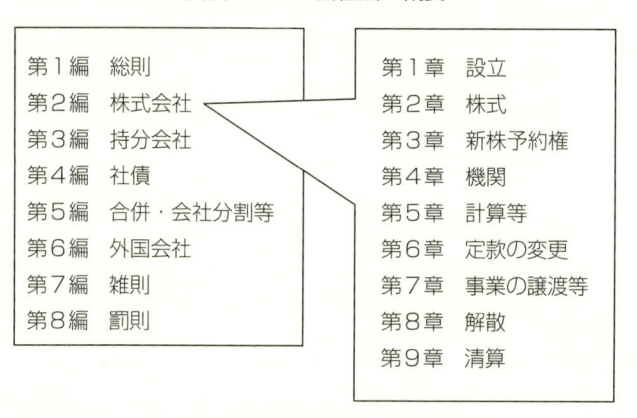

第1編　総則	第1章　設立
第2編　株式会社	第2章　株式
第3編　持分会社	第3章　新株予約権
第4編　社債	第4章　機関
第5編　合併・会社分割等	第5章　計算等
第6編　外国会社	第6章　定款の変更
第7編　雑則	第7章　事業の譲渡等
第8編　罰則	第8章　解散
	第9章　清算

2　株主の権利

本文で述べたとおり、株主の権利には自益権と共益権があります。自益権である配当請求権や残余財産分配請求権は、1株につき1個の権利です（105条）。これに対して共益権である議決権に関しては、定款で決めれば、単元株という制度をとることが認められています（188条）。これは、100株とか1,000株などの一定数の株式を1単元とし、議決権を1単元につき1個とする制度です。単元株制度をとっている場合、証券取引所（第2章参照）で売買するときも、1単元が最小単位になります。

共益権の中には、一定数以上の議決権がなければ行使できないものもあります。たとえば、株主総会での議題の提案は、総数の100分の1以上または300個以上の議決権を6か月以上もっていないと認められません（303条）。これは権利の濫用を防ぐためだと言われています。

3　会社の機関

会社の機関とは、会社を運営するために一定の地位に就く人や組織のことを言います。必ず必要なのは、株主総会と取締役です。株式に譲渡制限のあるような家族経営的な会社の場合は、株主総会と取締役1人だけでいいということ

です。それ以外のケースは相当複雑です。会社法が，どのような機関を置くかについて，さまざまなタイプを認めているからです。ここでは最も代表的な2つのタイプを紹介しましょう。1つは監査役を置くタイプ，もう1つは監査役のない委員会設置会社と呼ばれるタイプです。

　従来の日本の会社で最も一般的だったのは，株主総会＋取締役会＋監査役というタイプです。株主総会は，会社の最高意思決定機関で，取締役や監査役などの役員の選任などをします。取締役会は，取締役3人以上で構成され，業務執行の意思決定と監督をします（362条）。取締役会で代表取締役を選任し，その人が会社を代表します（349条）。会社で一番偉い（？）のは社長というのが普通の感覚ですが，社長というのは会社法に定められた役職ではありません。普通は，社長は代表取締役でもあるので，「代表取締役社長」などと呼ばれます。株主は人数も多く，個々の株主が実際に経営に関わることはできませんから，取締役会と代表取締役に経営を委任するわけです。けれども彼らが常に適切な経営をするとは限りません。そこで株主に代わって取締役の業務執行を監視，監督する役割が必要になります。それが監査役です（381条）。

　これに対して，近年新たに設けられたのが，委員会設置会社というタイプの会社です。これは，監査役を置かず，その代わりに，取締役会の中に，社外取締役が過半数を占める指名委員会，監査委員会，報酬委員会を設置する会社です（2条，400条）。指名委員会は株主総会に提出する役員の選任・解任の議案を決定し，報酬委員会は役員の報酬金額を決定します。そして監査委員会が業務執行を監視，監督することになります（404条）。一方，実際の業務の執行は，取締役とは別に執行役及び代表執行役を選任して，行わせます（402条，418条，420条）。

　なお，社外取締役とは，その会社の外部の人で取締役になった人という意味です。普通は，その会社に勤めて，会社の中で出世して取締役になることが多いのですが，それだと会社の論理にどっぷり浸かっていますので，外部の目を入れようというわけです。

図表1-2　会社の機関

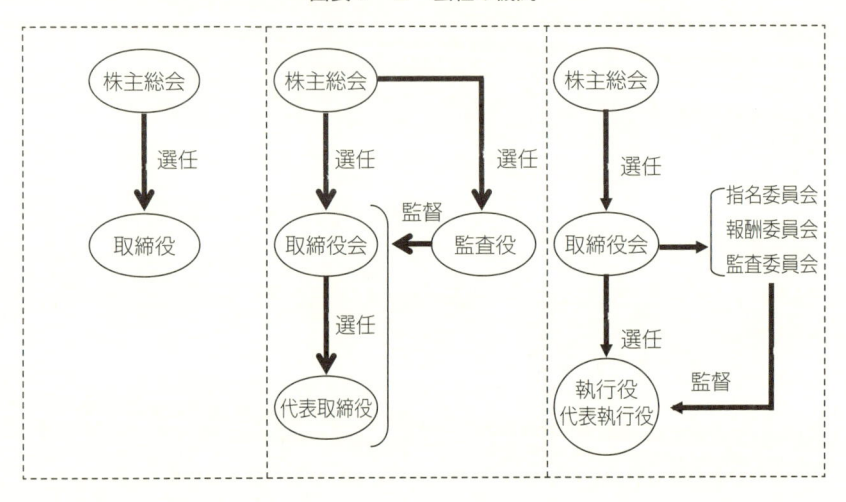

4　会社の計算

　会社は，各事業年度に計算書類，事業報告及びそれらの附属明細書をつくらなければならないとされています（435条）。計算書類には，貸借対照表，損益計算書，株主資本等変動計算書が含まれます。その作り方については，「一般に公正妥当と認められる企業会計の慣行に従うものとする」とされています（431条）。要するに本書でこのあと説明する通常の企業会計の基準に従うということです。

　ところで会計を行う単位には，法律上の会社を単位とする個別決算と，実質的な企業集団全体を1つの単位とする連結決算とがあります。会社法では，個別決算が中心です。しかし第2章で説明する金融商品取引法では，連結決算が中心になっています。親会社だけでなく子会社も含めた企業集団全体の経営成績や財政状態を表すことがより重要だと考えられたからです。そこで，会社法でも，一定の会社には連結計算書類の作成を義務付けることで，金融商品取引法との整合性を図っています（444条）。

2 資金を集める仕組みを知ろう

　株式会社になったからといって，自動的に資金が集まるわけではありません。多額の資金を集めるには，株式を証券市場に上場して，資本市場を活用することが必要です。資本市場は現代の市場経済の要(かなめ)の位置にあると言っていいでしょう。そしてこの資本市場がきちんと機能するためには，情報が必要です。そこで金融商品取引法という法律が，上場企業などに情報の開示を義務付けています。今回は，現代の企業会計の制度的な基礎となっている資本市場と金融商品取引法の概要を見ていきます。

Points
- 資本市場には発行市場と流通市場がある
- 金融商品取引法が有価証券報告書の作成を義務付けている
- 有価証券報告書の目的は意思決定に有用な情報の提供

1 経営とは何をすることか

　企業は，さまざまな人と関わります。たとえば，製品やサービスを買ってくれる顧客，労働力を提供する従業員，資金を提供する株主や債権者などです。こういった人たちを企業のステイクホルダー（利害関係者）と言います。なかでも顧客は重要なステイクホルダーです。

　企業の活動は，何よりも，顧客に価値を提供し，顧客を引きつけることが重要です。そのために，どのような人を対象に，どのような製品・サービスを提

供するのか，資金や人材などの限られた資源をどの分野に投入するのか，といったことを考えなければなりません。そのような企業としての方針のことを，一般に経営戦略と言います。また，事業をしているのは自分の会社だけではありませんから，他社に対してどのようにして優位な立場に立つかも考える必要があります。これは競争戦略と呼ばれるものです。

一方，企業とはある面で，人の集まりでもあります。企業内部で従業員がきちんと働かなければ，どんなに優れた戦略を立てても，絵に描いた餅になってしまいます。そこで経営学では，戦略と並んで，目的をうまく達成するための組織の理論や，人の意欲をいかに引き出すかというモチベーションの理論を発展させてきました。

さらに，事業活動には資金が必要です。企業とは，見方を変えれば，どこかから資金を調達し，それを運用する仕組みと捉えることもできます。ですから，顧客や従業員とともに，株主や債権者，金融機関など，資金を出してくれる人も，重要なステイクホルダーです。

このように見てくると，経営とは，戦略を立て，資金を集め，人と組織を動かすことと言ってよいでしょう。それでは，企業はどのようにして資金を集めるのでしょうか。

2 資金を集めるための市場

（1） 発行市場とは何か

資金を集める方法には，銀行からの借入など，いろいろな方法があります。自己資金と銀行借入でもいいのですが，事業を大きくしようと思えば，リスク・マネーを入れる必要があります。そのために，新規に株式を発行して，多くの人にその株式を買ってもらう，つまり新たに株主になってもらうということをします。株式を発行して出資を募るというわけです。

売り手と買い手が出会う「場」のことを市場と言いますが，このように資金の出し手とそれを必要とする人が出会う市場を抽象的に「資本市場」と呼びます。そして，資本市場を通して企業に資金を出す人を，「投資家」と言います。

資本市場の中でも，新規に株式を発行して資金を集める場合を，「発行市場」と呼んでいます。発行市場は企業と投資家が出会う場といっていいでしょう。

発行市場は具体的な場所があるわけではなく，実際には特定の証券会社が幹事となって発行を引き受け，顧客，つまり投資家の人たちに販売しています。しかし，そうやって販売された実績を積み上げてみれば，たしかに日本には一定の発行市場が存在する，ということが見えてきます。

（2） 流通市場とは何か

発行市場で出資をした投資家は株主になります。株主は有限責任ですが，逆に言えば，出資額までは事業リスクに責任を負うということでもあります。そのため，原則として，いったん払い込んだお金は，企業から払い戻されることはありません。会社の都合で自社の株式（自己株式と言います）を取得して消去するということはありますが，少なくとも，個々の株主の方から個別に払い戻しを請求することはできません。企業の立場からすれば，これによって返済しなくてよいお金が手に入ったことになります。それがリスク・マネーということです。

けれども投資家の側からすれば，どうでしょうか。たしかに企業が利益を上げれば，出資額に応じて配当をもらえるわけですが，会社が解散するまで元本が返ってこないのでは，安心してお金を出せないのではないでしょうか。たとえば会社の将来が危なくなってきたと思っても，資金を引きあげることができません。また，出資したときは余裕資金だったとしても，いつかお金が必要になるかもしれません。子供の進学や結婚，マイホームや車の購入など，まとまったお金が必要になることは，よくあります。そういうときにすぐに回収できないのでは，安心して投資できません。

企業は返さなくてよい資金がほしい。しかし投資家はいつでも資金を回収したい。この両者の矛盾した要求を解決する鍵が，株式の売買です。投資家は，企業から資金の払い戻しを受けることはできませんが，その代わりに，自分のもっている株式を他の投資家に売ればいいのです。他の投資家に売却すること

で，企業からは資金を流出させないで，投資家は資金を回収できるのです。このように投資家間で株式を売買する場のことを，「流通市場」と呼びます。資本市場には，発行市場と流通市場があるということです。

（3） 上場とは何か

仮にすべての投資家が完全な情報をもっているような世界を仮定すれば，理論上は，特に具体的な仕組みや制度がなくても，流通市場は成り立つのかもしれません。けれども現実には，そうはいきません。何らかの仕組みがなければ，株式をもっていても誰に売ればいいのかわかりませんし，買いたいと思う人もどこに行けば買えるのかわからないでしょう。せいぜい身近な人や知り合いの間で売買するだけで，広がりのある市場にはならないと思われます。

そこで証券取引所という場所をつくり，株式を買いたい人も，売りたい人も，そこに注文を出すという仕組みがつくられてきました。たとえば東京証券取引所（通称，東証）や，大阪証券取引所（通称，大証）などです。それでは，東証や大証に行けばどんな株式でも売買できるのかと言えば，そういうわけではありません。お店で売られる商品に一定の品質が求められるように，証券取引所で売買される株式にも一定のレベルが必要です。取引所で買った株式の発行会社があまり簡単に倒産するようでは，安心して株式を買えませんし，取引所の信頼もなくなってしまいます。そうならないように，取引所ごとに一定の基準を設定し，その基準を満たして，ある種の登録をした企業の株式だけを売買できるようにしています。基準の審査をクリアして，取引所で売買できるようになることを「上場」と言います。

上場の基準は，取引所ごとに決まっています。言い換えれば，取引所によって，上場しやすい取引所もあれば，難しい取引所もあるということです。参考までに，東証の上場基準を見てみましょう。東証には，国内企業用に一部，二部，マザーズと3つの市場があります。通常の企業はまず二部に上場し，一定期間経過後に一部への昇格の審査を受けますが，基準をクリアしていれば最初から一部へ上場することもできます。マザーズは設立後間もないけれども優れ

た技術やノウハウをもつ新興企業用の市場です。図表2－1は，一部，二部，マザーズの主な上場基準の抜粋です。ただしこれは抜粋ですので，実際にはもっと多くの要件がありますし，これらの形式基準以外に，たとえば一部と二部では「継続的に事業を営み，かつ，経営成績の見通しが良好なものであること」「事業を公正かつ忠実に遂行していること」「内部管理体制が適切に整備され，機能していること」などの定性的な審査基準もあります。この上場基準の細かい内容を見ると，純資産や時価総額など，今はまだわからない用語もあるかもしれませんが，ここでは参考程度と考えてください（純資産は第3章，時価総額は第13章を参照）。

図表2－1　東証の主な上場基準

	東証一部	東証二部	マザーズ
株主数	2,200人以上	800人以上	300人以上
時価総額	500億円以上	20億円以上	10億円以上
事業継続年数	3年	3年	1年
直前期の純資産	10億円以上	10億円以上	－
利益の額等	次のいずれかに適合すること a．最近2年間で，1年目1億円以上，2年目4億円以上の利益 b．最近3年間で，1年目1億円以上，3年目4億円以上，3年間の総額で6億円以上の利益 c．時価総額1,000億円以上かつ前年売上高100億円以上		－

〔出典〕　東京証券取引所「有価証券上場規程」を基に作成。2011年3月1日現在。

日本にはこれ以外に，ＪＡＳＤＡＱという市場もあります。これは，日本証券業協会が行っていた店頭登録という制度をベースにして発展したもので，現在は株式会社ジャスダック証券取引所が設置する証券取引所という位置づけになっています。もともと大企業よりも中堅企業や新興企業を対象にした市場で，上場審査基準も，直前期の利益1億円以上，株主数300人以上，純資産の額2億円以上など，マザーズと近い内容になっています。なお，ジャスダック証券

取引所は2008年12月に大証の子会社となっています。

(4) 流通市場の働き

　発行市場とは，企業と投資家が出会う場であり，企業にとっては資金調達の場になります。一方，流通市場は株式の売買を通じて，投資家同士が出会う場です。それは，投資家に資金を回収する場を提供することになります。流通市場で売れると思うからこそ，発行市場でも安心して出資ができるのです。逆に，余裕資金をもつ企業や投資家にとっては，資金運用の場にもなります。

　それまで未上場だった企業が株式を上場し，流通市場に乗せることを株式公開（ＩＰＯ：Initial Public Offering）と言います。証券取引所に上場するということは，一定の基準を満たし，審査を通ったということですから，企業にとっては１つのステータスになります。また，ゼロから会社を立ち上げてきた創業者が，ＩＰＯを通じて，市場で保有株式を売却すれば，創業者利益を獲得することができます。そういうチャンスがあると思えばこそ，ベンチャービジネスを興そうという意欲もわくというものです。

　流通市場では，売買を通じて株式の価格，つまり株価が決まります。この市場で決まった株価が，市場における企業の適正な評価だと言われることもあります。この価格なら売ってもいいという投資家の判断と，この価格なら買いたいという判断が一致したところで価格がつくのが株価だからです。

　もっとも，株価が企業の適正な評価だという主張には，多少の無理があるのも事実です。市場全体がバブルの頃には，ほとんどの企業の株価が一斉に上がりますし，逆に，サブプライムローンの破たんの影響で2008年に世界的な株安が進んだように，市場全体で一斉に暴落することもあるからです。それでも，ここで決まった株価が企業の資金調達に影響します。たとえば，発行市場で新株を発行するとき，株価が高ければ，１株につき多くの出資が受けられるからです。そういう意味でも，流通市場をきちんと機能させることは重要です。

3 情報開示の必要性－アカウンタビリティから意思決定有用性へ

（1） 金融商品取引法と有価証券報告書

　前節で見たように，上場基準は取引所ごとに違います。それは各取引所の自主ルールだからです。これに対して，すべての上場企業に一律に義務付けられていることもあります。その1つが金融商品取引法に基づく情報開示（ディスクロージャー：disclosure）です。金融商品取引法は，昭和23年（1948年）に制定された証券取引法を基礎にして，平成18年（2006年）に改正されて成立しました（施行は平成19年（2007年））。この法律は，証券市場が有効に機能するために，さまざまなことを定めていますが，情報開示はその中の柱の1つになっています。これについては，同法の第2章で定められています。

　まず，新たに株式を発行して資金を調達する新株発行増資など，「有価証券の募集又は売出」をする場合には，内閣総理大臣に「有価証券届出書」を提出することと定めています。これは発行市場に関わる情報開示です。また，上場企業など，一定の企業には，毎事業年度終了後3か月以内に「有価証券報告書」を提出することを義務付けています。これは流通市場に関わるものです。

（2） なぜ情報開示を義務付けるのか

　それではなぜ金融商品取引法は情報開示を義務付けているのでしょうか。

　事業にはリスクがありますから，当然，株式にもリスクがあります。発行市場で出資をする人は，そのリスクを十分理解して資金を出さなければなりません。また，流通市場で株式を買う人は，売り手の投資家から，そのリスクを引き受けるということになります。買った株が値下がりしたり，赤字になって配当が払えなくなったりしても，誰かがその損失を補償するというわけにはいきません。そんなことをしていたら，市場の取引は成り立たなくなってしまいます。そこで資本市場では，自分の判断で投資をした以上，その後の結果についても，すべて当人が責任を負う，ということが原則になっています。この考え方を「自己責任」と呼んでいます。

　けれども，やみくもに自己責任だけを求められたのでは，怖くて，誰も資本

市場に近づけないでしょう。投資家がどの企業に投資するかを決めるためには，判断の材料が必要です。そこで，投資家に自己責任を求める代わりに，投資判断に必要な情報を，十分に，かつ差別することなく，提供することにしているのです。それが，有価証券報告書などの，金融商品取引法上のディスクロージャーです。自己責任の前提には，十分な情報開示があるのです。

　もちろん，情報開示をしたからといって，リスクがなくなるわけではありません。しかし，十分な情報を基に，自分で判断した結果ならば，納得できるのではないでしょうか。また，十分な情報を基に適切な判断で売買することで，より企業の実態に近い適切な株価が付くと考えられます。その点でも情報開示とは，資本市場を成り立たせるための不可欠な要素と言えるのです。

　ここまでの説明で，情報開示の論理が第1章とは変わったことに気づいたでしょうか。第1章では，アカウンタビリティを基礎として情報開示を説明しました。それは，すでに投資をしてくれた人に対して経営者が果たす説明責任です。それに対して，今度は，これから投資をしようという人のために，投資判断に役立つ情報が必要だというのです。金融商品取引法上の会計は，そのような情報開示の一環として制度化されています。そのため現代の制度会計の基本的な目的は，意思決定有用性，つまり意思決定に有用な情報を提供することとされています。

　こういうと，投資家は過去に興味があるのではない，将来どうなるかが重要なのだ，という人がいます。もちろんそれはそのとおりですが，私たちは過去と切り離して将来だけを予測することはできません。今後どうするのかという経営の方針も重要ですが，過去の実績や現状の分析を将来に延長することで，より適切な判断に近づけるのです。会計は，これまでの実績と現在の財政状況を貨幣数値で報告する役割を果たします。

4　有価証券報告書の記載内容

　それでは有価証券報告書には何が書いてあるのでしょうか。金融商品取引法は，その記載内容までは定めていませんが，同法を補完する「企業内容等の開

示に関する内閣府令」(略称:企業内容開示府令)の中で,記載事項は第3号様式として具体的に示されています。

　金融商品取引法などの「法律」は国会で制定しますが,法律に書き込めなかった具体的な事項を補足するために政府が定める細則として「政令」があり,政令のさらに下に「省令」があります。省令とは,財務省や経済産業省などの省が法律と政令の範囲内で定める規則を意味します。金融商品取引法は金融庁の管轄ですが,金融庁は省ではなく,内閣府という組織の「外局」ということになっているので,省令ではなくて,「内閣府令」となっているのです。

　図表2-2に,企業内容開示府令が定める有価証券報告書の主な記載事項を示しました。このうち,「第5　経理の状況」で示されている連結財務諸表等と財務諸表等が会計の情報で,その前までは会計以外の記述情報です。ディスクロージャーの中心になるのは会計情報ですが,それ以外の記述情報も意外に充実していることがわかると思います。財務諸表等の会計情報とは具体的にどういう内容なのかは,次章以降で詳しく見ていくことにしましょう。

図表2-2　有価証券報告書の主な記載事項

第1	企業の概況	第3	設備の状況
1	主要な経営指標等の推移	1	設備投資等の概要
2	沿革	2	主要な設備の状況
3	事業の内容	3	設備の新設,除却等の計画
4	関係会社の状況	第4	提出会社の状況
5	従業員の状況	1	株式等の状況
第2	事業の状況	2	自己株式の取得等の状況
1	業績等の概要	3	配当政策
2	生産,受注及び販売の状況	4	株価の推移
3	対処すべき課題	5	役員の状況
4	事業等のリスク	6	コーポレート・ガバナンスの状況
5	経営上の重要な契約等	第5	経理の状況
6	研究開発活動	1	連結財務諸表等
7	財政状態及び経営成績の分析	2	財務諸表等
		(以下,省略)	

5 粉飾と会計監査

　有価証券届出書や有価証券報告書の中には，貸借対照表や損益計算書などの会計情報が含まれます。投資家はそれを見て企業の業績を評価し，将来を予想して投資の判断をします。それが株価の上下にもつながります。すると経営者としては，たとえ実際には業績が悪くても，できるだけそれを良く見せたいという誘惑にかられるのではないでしょうか。そこで起こるのが粉飾決算（ふんしょくけっさん）です。粉飾決算とは，利益を実態よりも過大に計上した偽りの決算です。それでは投資家の意思決定に有用な情報になりません。そのような虚偽の決算を基にして売買すれば，投資家は判断を誤って損をしかねませんので，投資家保護という目的に反します。そればかりか，投資家が情報を信頼できなくなれば，安心して投資ができませんから，資本市場にお金がまわらなくなってしまいます。資本市場が機能しなくなれば，それは，現代の市場経済そのものの危機につながります。だから粉飾決算は厳しく罰せられるのです。

　そしてそのようなことのないように，金融商品取引法では公認会計士または監査法人による会計監査を義務付けています。公認会計士とは，会計と監査に関する専門職で，国家試験を通ると得られる国家資格です。また監査法人とは，公認会計士によって設立される特別の法人です。わかりやすく言えば，公認会計士ばかりが集まった特殊な会社のようなものと思えばいいでしょう。会計監査とは，会社が公表する財務諸表等が会計の基準に照らして適正につくられているかどうかを，独立の第三者の立場から調べて，その結論を表明する業務です。有価証券報告書には，財務諸表等とともに，監査の結果である監査報告書が必ず掲載されています。

　もっとも，会計監査を行えば必ず粉飾決算を防止できるかというと，そうとも限らず，監査の目をかいくぐった粉飾決算事件がときどき表面化します。世の中に完璧な制度はない，ということかもしれません。

> **Column：有価証券報告書を手に入れるには**
>
> 　有価証券報告書はどうすれば見られるのでしょうか。政府に提出された有価証券報告書は，政府が印刷し，会社別の冊子にして販売しています。各地にある政府刊行物センターには置いてありますし，普通の書店でも注文すれば取り寄せ可能です。証券取引所などでも閲覧可能です。また，最近はほとんどの企業がインターネットでホームページを開いていますが，その中の「財務情報」とか「ＩＲ（Investor Relations）情報」，「投資家の皆様へ」といったページに有価証券報告書を掲載していることもよくあります。さらに金融庁が，インターネットで，ＥＤＩＮＥＴというページを開設しています。これは，Electronic Disclosure for Investors' Network（金融商品取引法に基づく有価証券報告書等の開示書類に関する電子開示システム）の意味で，各社が提出した有価証券報告書等の開示書類をインターネット上で閲覧できるようにしたものです（http://info.edinet-fsa.go.jp/）。このように有価証券報告書は，①書店で買う，②会社のホームページでみる，③ＥＤＩＮＥＴでみる，といった方法で手に入りますので，興味のある会社があれば，調べてみましょう。

演習問題

1. 証券取引所に上場するには，純資産や利益，株主数などに関してさまざまな条件が設定されています。なぜそのような条件が付されているのか，説明しなさい。
2. 会計情報を株主や投資家向けに開示する基本的な目的を２つに分けて，説明しなさい。
3. あなたが興味のある会社を１つ選び，有価証券報告書を入手して，じっくり読んでみよう。どのようなことが読み取れるか。

補論 金融商品取引法は何を決めているのか

1 金融商品取引法の目的

　金融商品取引法は，全部で200条を超える法律です。その概要を図表2-3に示しました。本文では主に有価証券報告書について説明しましたが，この法律は情報開示だけを定めているわけではありません。法律の目的について，第1条では，次のように定めています。

　「この法律は，企業内容等の開示の制度を整備するとともに，金融商品取引業を行う者に関し必要な事項を定め，金融商品取引所の適切な運営を確保すること等により，有価証券の発行及び金融商品等の取引等を公正にし，有価証券の流通を円滑にするほか，資本市場の機能の十全な発揮による金融商品等の公正な価格形成等を図り，もって国民経済の健全な発展及び投資者の保護に資することを目的とする」

図表2-3　金融商品取引法の概要

第1章　総則
第2章　企業内容等の開示
第2章の2　公開買付けに関する開示
第2章の3　株券等の大量保有の状況に関する開示
第2章の4　開示用電子情報処理組織による手続の特例等
第3章　金融商品取引業者等
第4章　金融商品取引業協会
第4章の2　投資者保護基金
第5章　金融商品取引所
第5章の2　外国金融商品取引所
第5章の3　金融商品取引清算機関等
第5章の4　証券金融会社
第6章　有価証券の取引等に関する規制
第6章の2　課徴金
第7章　雑則
第8章　罰則
第9章　犯則事件の調査等

2　株式の公開買付とは何か

　株式会社では，発行済株式の過半数を取得すれば，株主総会を通じてその会社を支配できます。このように過半数の議決権を取得することで相手企業を支配下に置くことを買収と言います。一方，2つ以上の企業を法律上合体して1つの企業にすることを合併と言います。相手企業を買収して合併するというように，この2つをセットで行うこともあるので，2つ合わせて合併・買収（M＆A：Merger and Acquition）と呼びます。このようなM＆Aは，すでに存在する企業の事業内容を丸ごと手に入れることで，迅速に経営戦略を展開したり，会社を成長させたりする方法として使われます。

　それでは，どうやって議決権の過半数を手に入れたらよいでしょうか。流通市場で買い進めるという方法もありますし，実際に株を買わなくても，他の株主から株主総会での委任状を集めるという方法もあります。それらと並ぶM＆Aの方法の1つが，金融商品取引法の第2章の2で定める株式の公開買付の方法です。公開買付では，買い付けする株式の価格，数，期間などを公告して，証券取引所を通さずに株式を取得します。金融商品取引法では，その場合の開示について定めています。

3　市場の秩序を守る規定

　金融商品取引法の第2章の3は，上場企業の株式を，1つの企業の発行済株式数の5％超を保有することになった場合に，大量保有報告書を5日以内に提出することについて定めています。誰が大株主かということが，他の投資家にとって重要なことだからです。第2章の4は情報開示を紙媒体ではなく，電子媒体で行う場合の規定です。第3章は証券会社等について，第4章はそれらの協会組織について，第5章は証券取引所について定めています。第6章では，市場の秩序を守るためにいくつかの禁止行為を定めています。

　たとえば第157条は「何人も，次に掲げる行為をしてはならない」として，たとえば「有価証券の売買その他の取引又はデリバティブ取引等について，不正の手段，計画又は技巧をすること」や「有価証券の売買その他の取引又はデ

リバティブ取引等について，重要な事項について虚偽の表示があり，又は誤解を生じさせないために必要な重要な事実の表示が欠けている文書その他の表示を使用して金銭その他の財産を取得すること」などをあげています。これは不正行為を禁止するものです。

　また第158条は風説の流布の禁止で，「何人も，有価証券の募集，売出し若しくは売買その他の取引若しくはデリバティブ取引等のため，又は有価証券の相場の変動を図る目的をもって，風説を流布し，偽計を用い，又は暴行若しくは脅迫をしてはならない」と定めています。風説の流布とは，噂を流すという意味です。たとえば，インターネットで噂を流して株価を吊り上げたりしてはいけない，ということです。第159条は相場操縦の禁止です。これは，実態のない売買などを繰り返すことであたかも頻繁に売買されているかのように装い，株価を吊り上げるといった行為を禁止するものです。

　第166条にはインサイダー取引の規制が定められています。たとえば会社の役員，使用人，従業員などが，職務に関連して，その企業の業務等に関する重要事実を知った場合，その重要事実の公表がされたあとでなければ，その会社に関わる有価証券の売買をしてはならないとしています。この規定は，会社を辞めて1年以内は同様ですので，注意が必要です。

3 財務諸表を理解しよう

　第2章では，投資家向けの情報開示制度として有価証券報告書があることを述べました。有価証券報告書にはさまざまな情報が含まれますが，その中心になるのは財務諸表や連結財務諸表などの会計情報です。連結財務諸表については第5章で扱いますので，本章では，財務諸表とは何か，ということを説明しましょう。特に，代表的な財務諸表である貸借対照表と損益計算書を中心に見ていきます。「会社の数字が読める」というのは，結局，貸借対照表や損益計算書の意味がわかる，ということですので，まずは，そこに何が書いてあるのか，その基本的な構造を理解してください。

Points
- 収益 － 費用 ＝ 利益
- 資産 ＝ 負債 ＋ 純資産

1 会計とは何か

（1） 財務会計と管理会計

　そもそも会計とは何をすることでしょうか。会計には大きく分けて，2つの側面があります。1つは，企業の外部に報告するための会計，もう1つは企業の内部で利用するための会計です。

　企業の外部に報告するというのは，資金を調達するときに企業の経営内容を正しく理解してもらうための会計です。そのためには，各企業がばらばらの方

法で報告したのでは困りますから，共通の基準を決めて，ある程度強制力をもって制度として行う必要があります。そこでこのような会計のことを，「制度会計」と呼び，そのときの基準のことを「会計基準」と言います。会社法や金融商品取引法で定めているのが，典型的な制度会計です。また資金を調達することを Finance というので，このような会計を別名，Financial accounting とも言います。これを日本語に訳すと「財務会計」です。

一方，企業の内部で利用する会計は，経営管理（Management）のための会計なので，「管理会計（Management accounting または Manegirial accounting)」と言います。企業の経営者は，経営の意思決定をしたり，活動を管理したりするのに，さまざまな会計情報を必要とします。そのための情報を提供するのが管理会計です。ちょうど，飛行機を飛ばすのに速度計や高度計などの計器類が必要なように，管理会計は経営の羅針盤の役目を果たします。計器類だけあっても，エンジンや翼がなければ飛行機は飛びませんが，計器類がなかったら危なくて仕方ないでしょう。企業の場合も，工場などの設備や従業員なしでは活動できませんが，同時に，それらをうまくコントロールするための管理会計が不可欠なのです。管理会計については，第11章で改めて説明します。

（2） 日々の記帳と期末の決算

それでは，財務会計とは具体的にどのようなことをするのでしょうか。財務会計で行うことは，基本的には2つだけです。1つは，日々の取引の記録，もう1つは期末の決算です。決算とは，一定期間（普通は1年間）の記録を基に，その期間の利益を計算し，財産の状況を表す財務諸表をつくることです。この記録と決算のための方法が「簿記」と言われるものです。

日々の企業の活動 →ルール→ 記 録 →集計→ 貸借対照表(B/S) 損益計算書(P/L)

（3） 技術としての会計

　ここまでは，会計を大きく2つの分野に分けて説明してきましたが，今度は学習の仕方という観点から，これを2つに分けてみましょう。会計を学ぶとは，具体的には何をすることなのでしょうか。研究として扱う場合には，また別の見方があると思いますが，当面，経済や経営を学ぶ上での基礎として会計の一般常識を学ぼうという場合には，会計の学習は①技術を身につけるという側面と，②制度を知識として学ぶという側面の2つに分けられます。

　技術としての会計とは，会計の手法を学ぶということです。典型的なものは，簿記です。簿記を学ぶとは，日常の活動をどのように記録し，その記録からどのように貸借対照表や損益計算書をつくるかという方法論を学ぶということです。

　管理会計や経営分析もある意味で技術です。使えなければ意味がないというわけです。個々の目的に応じてさまざまな方法がありますので，1つ1つ身につけていって，必要に応じて使えるようにすることが大切です。

（4） 制度としての会計

　財務会計では企業外部に情報の利用者がいます。外部に報告する会計ですから，情報を利用する人にわかるように報告しなければ意味がありません。そのためには，基準を共通化する必要があります。言い換えれば，財務会計は各社が自由にできるわけではなくて，基準に従って行わなければならないのです。そこで，どのような会計基準があるのかを学ぶことが重要になります。これは，技術や方法論ではなく，制度の内容を知識として身につけるということです。会計基準の背後には，なぜそのような基準にするのかという理論がありますので，理論がわかれば，基準の意味も理解しやすくなるでしょう。

　前章で述べたように，有価証券報告書の記載事項は企業内容開示府令が定めていますが，その中の財務諸表の様式（フォーマット）や作成方法については，別途，「財務諸表等の用語，様式及び作成方法に関する規則（内閣府令，通称，財務諸表等規則）」が定めています。また連結財務諸表に関しては，「連結財務

諸表の用語，様式及び作成方法に関する規則（内閣府令，通称，連結財務諸表規則）」があります。しかしこれらの規則が財務諸表や連結財務諸表の様式を定めていても，そこに計上する具体的な数字をどのように算出するのかについては，さまざまな考え方があり得ます。そこで，実際に数値を計算するための会計処理の方法を確定する必要があります。その役割を果たすのが会計基準です。

　日本の会計基準は，かつては企業会計審議会という政府の審議会が策定していましたが，近年，その役割は民間主体の企業会計基準委員会（ＡＳＢＪ）に引き継がれました。一方，国際的には，国際会計基準審議会（ＩＡＳＢ：International Accounting Standards Board）が，国際財務報告基準（ＩＦＲＳ：International Financial Reporting Standards）を策定しています（イファースまたはアイファースと読みます）。これが，いわゆる国際会計基準です。ＥＵを中心に世界の多くの国が国際会計基準を採用し始めていることから，日本でもできるだけ国際会計基準の考え方を取り入れて，双方の基準の差異を縮める作業をしています。これを，会計基準のコンバージェンス（convergence：収束化）と言います。

　さらに，ＩＦＲＳそのものを会計基準としてそのまま受け入れることをアドプション（adoption：採択）と言い，現在，その適否を検討しています。これに先駆けて，金融庁は2010年3月31日に終了する事業年度からＩＦＲＳの任意適用を認めました。任意適用とは，企業が自主的にＩＦＲＳを採用することを指します。つまり日本の会計基準ではなく，ＩＦＲＳに従ってつくった連結財務諸表を有価証券報告書に掲載しても，適正なものとして認めるということです。強制適用については2012年を目処に判断するとされていますので，3年の準備期間を置くとして，早ければ2015年からＩＦＲＳの強制適用が始まる可能性があります。これは，金融市場が国際化し，日本企業が海外で資金調達したり，海外の投資家が日本企業の株式を売買したりすることが増えてきたためです。

　制度としての会計という意味では，もう1つ，税務会計という分野がありま

すが，これについては第14章で解説します。

　技術と制度の違いはどこにあるのでしょうか。管理会計のように技術として学ぶ会計は，各社が必要に応じて使えばいいので，必ずしも強制されるものではありませんし，状況に応じてアレンジしても構いません。これに対して制度としての会計は，強制力がありますから，勝手にアレンジするわけにはいきませんし，制度が変われば，それに対応しなければなりません。技術としての会計は役に立つかどうかが問題ですが，制度としての会計はきちんと守ることが大事になるわけです。

2　財務諸表の種類

　財務諸表等規則で定められている財務諸表とは，貸借対照表，損益計算書，株主資本等変動計算書，キャッシュ・フロー計算書及び附属明細表です。図表3－1に，これらに対応するIFRSの財務諸表を対比して示しました。このうち，両者の違いが問題になるのは損益計算書と包括利益計算書です。そこには，利益とは何かという考え方の違いがあるからです。この点について詳しくは，本章の補論を参照してください。それ以外の3つの財務諸表については，実質的に大きな違いはありません。これらは，Finance つまり資金調達のための諸々の Statement（計算書）なので，Financial Statements（複数形に注意），日本語で財務諸表というのです。

　株主資本等変動計算書とキャッシュ・フロー計算書は第6章で取り上げますので，本章では貸借対照表と損益計算書について説明します。なお，貸借対照表は Balance Sheet とも呼ばれるので，B／S（ビーエス）と記号で示すこともあります。また損益計算書は，Profit and Loss Statement と呼ぶこともあるので，P／L（ピーエル）と書きます。この略語はよく使われますので覚えてください。

図表3－1　日本の財務諸表等規則とＩＦＲＳにおける財務諸表

財務諸表等規則	ＩＦＲＳ
貸借対照表	Statement of Financial Position（財政状態計算書）
損益計算書	Statement of Comprehensive Income（包括利益計算書）
株主資本等変動計算書	Statement of Changes in Equity（持分変動計算書）
キャッシュ・フロー計算書	Statement of Cash Flows（キャッシュ・フロー計算書）

(注)（　）内の日本語訳は筆者による。

3　損益計算書とは何か

(1)　期間損益計算という考え方

　損益計算書とは利益を計算する書類です。それでは，事業活動の利益とは，どうしたら計算できるでしょうか。もし会社というものが，1回の事業を終えるごとに解散する，という仕組みであれば，すべての収入からすべての支出を差し引いた残りが利益ということになるでしょう。それを出資者で山分けすればいいのです。実際，イギリスなどで大航海時代と言われた頃の企業活動は，資金を集めてインドなどへ行き，香辛料などを買い求めて帰国して売却するというものだったそうです。この場合は，商品を仕入れるために代金を支払い，それ以上に高く売れれば，その差額が利益です。ですから，全部でいくら支払って，いくら収入があったかがわかれば，利益を計算することができます。

　けれども現代の企業は，1回の航海が終われば解散するというわけにはいきません。何年も継続して事業活動を行うのが普通です。そうなると，事業がすべて終わってから，すべての収入とすべての支出を計算して利益を確定する，という方法をとるわけにはいかなくなりました。それでは，いつになったら利益の計算ができるか，わからないからです。

　そこで，1年という人為的な期間を区切って，1年ごとに利益の計算をするようになりました。これを期間損益計算と言います。利益を計算する期間のことを会計期間または会計年度と言い，会計年度の最終日を期末日，または決算を確定する日なので，決算日などと呼びます。日本の多くの企業は，4月1日

から始まり3月31日を終わりとする期間を会計年度としています。これを3月決算と言います。なにも，3月決算でなければならない決まりがあるわけではなく，少数派ですが，2月末決算の会社や12月末決算の会社もあります。

(2) 損益計算書の基本構造

　100円の商品を売ったら，100円が全部利益だと考える人はいないでしょう。その商品を仕入れてくるのにもお金がかかっているからです。たとえば70円で仕入れたものを100円で売ったら，差額の30円が利益です。このとき，入ってくるお金を「収益」，その収益を獲得するためにかかったお金を「費用」と言います。利益はその差額ということになります。したがって，1年間の収益から1年間の費用を引いて，差額で1年間の利益を計算するというのが，損益計算書の基本構造です。収益より費用の方が大きければ，損失となります。利益が出ることを「黒字」，損失が出ることを「赤字」とも言います。

収益 － 費用 ＝ 利益（損失）

　ここで，具体的な例を見ておきましょう。図表3－2を見てください。これは，日本のある企業の損益計算書を簡略化して示したものです。細かいことは気にせず，まず大きな構造を確認しておきましょう。上から順に見ていくと，まず，売上高から売上原価を引いて，売上総利益を計算しています。売上高は1年間でいくら製品が売れたかを意味し，収益の柱です。一方，売上原価とは，「商品をいくらで仕入れてきたか」に相当するものです。この企業の場合は，単に仕入れたものを売るのでなく，自社でつくったものを売っているので，正確に言うと「販売した製品をつくるのにいくらかかったか」を示しています。

　実は，費用になるのは売上原価だけではありません。ものを売るには広告費や運搬費がかかりますし，手数料を払うこともあります。会社で働いてくれる従業員に給料も払わなければなりません。それらを総称して販売費及び一般管理費と言います。売上総利益から販売費及び一般管理費を差し引いた金額を営業利益と言います。これは，本業の営業活動から得られた利益という意味です。

図表3－2　損益計算書の例

(単位：百万円)

売上高		1,116,000
売上原価		
期首製品棚卸高	9,800	
当期製品製造原価	815,000	
期末製品棚卸高	9,700	815,100
売上総利益		300,900
販売費及び一般管理費		
販売手数料	76,000	
広告宣伝費	33,000	
運搬費	17,000	
貸倒引当金繰入額	100	
従業員給料・賞与	27,800	
退職給付費用	3,000	
減価償却費	5,000	
その他	60,000	221,900
営業利益		79,000
営業外収益		
受取利息・配当金	1,300	
有価証券売却益	600	1,900
営業外費用		
支払利息	1,200	
有価証券売却損	1,500	2,700
経常利益		78,200
特別利益		
固定資産売却益	520	520
特別損失		
関係会社整理損失	27,000	27,000
税引前当期純利益		51,720
法人税等		24,500
当期純利益		27,220

そこからさらに、利息の受け取りと支払いや、株式などの売買に伴う利益や損失など、本業以外の収益・費用を加味して経常利益を計算します。経常利益とは、もし何も特別なことがなかったとしたら、その企業が通常生み出す利益という意味で、企業の本来の収益力を表すなどと言われます。そこからさらに、たとえば工場の売却や会社の合併・買収など、その年だけの特殊事情に伴う特別利益や特別損益を加味し、法人税を差し引くと、当期純利益となります。法人税とは企業の利益に対してかかる税金で、当期純利益はその企業が1年間で最終的に稼いだ利益です。このように、収益と費用をその性質に応じて区分して、何段階にも分けて利益を計算しているのが、日本の損益計算書の特徴です。

（3）　発生主義の考え方

　ここまでの説明で、収入や支出ではなく、収益と費用という用語を使っていることに気づいたと思います。それでは収益と費用は、収入や支出とどう違うのでしょうか。

　仮に、期間損益計算をしないならば、すべての収入と支出の差額で利益を計算すればよいのですが、期間損益計算では、単に収入と支出の差額で利益を考えるわけにはいきません。次のようなことがあるからです。

　たとえば、1年目に70円で仕入れたものを、2年目に100円で売ったとしたら、どうでしょうか。この場合、収入と支出で考えると、1年目は支払いだけなので70円の赤字、2年目は収入だけで100円の黒字になってしまいます。しかしこれでは、会社の実態を正しく示しているとは言えないでしょう。仕入れたときに代金を支払ったとしても、売れるまでは商品という財産として会社に残っているのですから、本来は、赤字ではありません。そこで、このような仕入のための支払いは、仕入れただけでは費用とはせず、売れて、商品が会社から出ていったときに、売上と対応して費用にすることにしています。仕入や製造にかかる金額を原価と言いますが、仕入原価や製造原価は売れずに残っている間は、貸借対照表上の商品や製品として表され、実際に売れたときに「売上原価」という費用に転化するのです。

では，1年目に70円で仕入れたものを，1年目に100円で売ったけれど，代金は2年目に回収したという場合は，どうでしょうか。実際，企業間の売買では，すぐには代金を払わないのが一般的です。日々の取引をそのつど清算していたら，面倒で仕方ないからです。そこでたとえば1か月分の取引をまとめて，翌月に請求するといった商習慣ができています。この場合，代金を受け取っていなくても，商品を引き渡した以上，代金を受け取る権利（これを債権と言います）はすでに発生していると考えられます。そこで実際の収入とは切り離して，モノを引き渡した時点で売上が発生したと考え，それを収益に計上することにします。このような考え方を「発生主義」と言います。これは費用の場合も同じです。たとえば電気代や家賃などが後払いの場合，まだ支払っていなくても，使ってしまったら支払いの義務（これを債務と言います）が生じたと考えて，費用に計上するのです。

　このように収入や支出とは別に収益や費用を考えるのは，1年間の利益をより適正に計算するための工夫です。

4　貸借対照表とは何か

（1）　貸借対照表の基本構造

　期間損益計算をするということは，会社を解散しないで決算をするということですから，決算の時点ではまだ会社に財産が残っているはずです。そこで，期末時点での財産の状況を示すのが貸借対照表です。図表3－3は，図表3－2と同じ会社の貸借対照表を簡略化して示したものです。

　上から順に見ていくと，まず資産の部があり，これが流動資産と固定資産に分かれます。そしてそれぞれの区分ごとに具体的な内容と金額が書かれています。その後，資産合計があって，負債の部に続きます。負債の部にも流動負債と固定負債の区分があり，最後に純資産の部となっています。

図表3-3　貸借対照表の例（報告式）

（単位：百万円）

資産の部		
Ⅰ　流動資産		
現金及び預金		4,800
受取手形		7,000
売掛金		250,000
製品		9,800
原材料		21,000
その他		65,000
貸倒引当金		△12,000
流動資産合計		345,600
Ⅱ　固定資産		
1　有形固定資産		
建物	248,000	
減価償却累計額	△102,000	146,000
機械・装置	430,000	
減価償却累計額	△245,000	185,000
土地		178,000
有形固定資産合計		509,000
2　無形固定資産		
特許権		5,700
ソフトウエア		6,800
無形固定資産合計		12,500
3　投資その他の資産		
投資有価証券		54,000
長期貸付金		78,000
投資その他の資産合計		132,000
固定資産合計		653,500
資産合計		999,100
負債の部		
Ⅰ　流動負債		
支払手形		20,000
買掛金		60,000

	短期借入金		120,000
	その他流動負債		223,000
	流動負債合計		423,000
II	固定負債		
	社債		120,000
	長期借入金		89,000
	固定負債合計		209,000
負債合計			632,000
純資産の部			
I	資本金		183,000
II	資本剰余金		120,000
III	利益剰余金		64,100
純資産合計			367,100
負債・純資産合計			999,100

(注) △は,マイナスを意味する。

　このように縦長に順に書いていく形式は「報告式」と言い,有価証券報告書などに掲載するときには便利なのですが,初めて貸借対照表を勉強するのには向いていません。なぜなら貸借対照表の構造が見にくいからです。そこで,この貸借対照表を資産と負債のところで2つに切って,横に並べてみましょう。左側が資産の部で,右側が負債の部と純資産の部です。このような形式を「勘定式」と言います。図表3-4は,図表3-3と同じ貸借対照表を勘定式で示したものです。

　左側の資産とは,会社のもっている財産を意味します。現金や預金のほか,期末時点で会社にある製品や原材料,建物,機械などを金額で表します。このうち,通常1年以内に現金になる資産や,原材料を加工して製品にし,販売して代金を回収するという正常な営業の循環の中にある資産を流動資産と言い,建物や機械のように1年以上資金が固定化される資産を固定資産と呼びます

　さて,会社の財政状態を本当に表そうと思ったら,資産の部に着目するだけでは不十分です。一見,資産がたくさんあるように見て,実は借入金だらけ,ということもあるからです。そこで資産と対比して,貸借対照表の右側に負債

の部をもってきます。負債とは，いつか支払わなければならないもの，つまり将来の支払義務です。たとえば銀行などから資金を借りている場合の借入金や，後払いでものを買った場合の未払金などがこれにあたります。負債の場合，1年以内に返済期日の来るものは流動負債，返済期日が1年超のものを固定負債と言います。

　このように資産と負債を並べた上で，左側の資産の合計から，右側の負債の合計を差し引いた差額が，純資産になります。その企業のもっている正味の財産ということです。純資産を構成するものは何でしょうか。1つは，株主が払い込んだ資本，もう1つは，事業活動によって会社に蓄積された利益です。図表3－4では資本金と資本剰余金が株主による払込資本を，利益剰余金が事業活動からの利益のうち株主に配当しなかった蓄積分を表しています。

図表3-4 貸借対照表の例（勘定式）

(単位：百万円)

資産の部			負債の部		
I 流動資産			I 流動負債		
現金及び預金		4,800	支払手形		20,000
受取手形		7,000	買掛金		60,000
売掛金		250,000	短期借入金		120,000
製品		9,800	その他流動負債		223,000
原材料		21,000	流動負債合計		423,000
その他		65,000	II 固定負債		
貸倒引当金		△12,000	社債		120,000
流動資産合計		345,600	長期借入金		89,000
II 固定資産			固定負債合計		209,000
1 有形固定資産			負債合計		632,000
建物	248,000				
減価償却累計額	△102,000	146,000	純資産の部		
機械・装置	430,000		I 資本金		183,000
減価償却累計額	△245,000	185,000	II 資本剰余金		120,000
土地		178,000	III 利益剰余金		64,100
有形固定資産合計		509,000	純資産合計		367,100
2 無形固定資産					
特許権		5,700			
ソフトウエア		6,800			
無形固定資産合計		12,500			
3 投資その他の資産					
投資有価証券		54,000			
長期貸付金		78,000			
投資その他の資産合計		132,000			
固定資産合計		653,500			
資産合計		999,100	負債・純資産合計		999,100

(2) 借方と貸方

貸借対照表の左側は資産で，右側は負債と純資産という説明をしましたが，会計用語で，この左側のことを「借方」，右側のことを「貸方」と言います。初めての人には聞き慣れない名前かもしれませんが，これは会計の基本用語なので，ここで覚えてください。左側が借方，右側が貸方です。

なぜこんな呼び方をするのでしょうか。一説によれば，これは取引の相手方から見た見方だそうで，借入金は相手から見れば会社に貸しているお金だから負債の方を「貸方」と言い，企業にとっては資産になる貸付金は相手が借りていることになるので資産の方を「借方」と呼ぶのだそうです。英語でも，負債を意味する debit が借方（資産側）を表し，信用とか貸付を意味する credit が貸方（負債側）を表します。もっとも，借方や貸方は，東西南北と同じで，1つの名前と思って，そのまま覚えてしまった方が便利です。たとえば簿記や会計では，借方と貸方の差額をとる，という考え方をします。借方の資産から貸方の負債を引いて，差額が純資産です。貸方の負債は，いわば資産のマイナス勘定なのです。このような関係を理解しておくと，簿記を学ぶときにも，わかりやすくなると思います。

資産から負債を引いた差額が純資産ですから，当然ながら，貸借対照表では以下のような関係が成り立ちます。つまり，借方の合計と貸方の合計が一致するということです。

```
資産 ＝ 負債 ＋ 純資産
```

これが貸借対照表の基本構造です。このように借方と貸方を対比して示す表だから，貸借対照表という名前なのです。

(3) 勘定科目を理解しよう

ここまで見てきたように，貸借対照表や損益計算書では，資産・負債・純資産，収益・費用の内容を項目別に分けて表示します。それができるためには，収益や費用が発生したり，資産や負債が増えたり，減ったりしたつど，その内

容を項目別に分けて記録しておく必要があります。そのための手続が，次章で取り上げる簿記です。そしてそのときに，金額を集計する単位のことを「勘定科目」と言います。多くの場合，簿記上の勘定科目が，貸借対照表や損益計算書でもそのまま表示されます。また，複数の勘定科目を集約したり，若干異なる名称を付けたりして，表示することもあります。

　もし，貸借対照表や損益計算書の基本的な構造を理解しているのに，それらを難しく感じるとしたら，勘定科目がわからないせいかもしれません。ちょうど，文法を知っていても単語がわからなければ英語を理解できないように，資産や負債の内容を示す個々の勘定科目の意味がわからなければ，財務諸表を理解することは難しいでしょう。ですから，勘定科目を理解することが重要になります。

　勘定科目は，資産や負債などを種類別に分類して名前を付けたものですから，資産や負債，純資産，収益，費用にはどんなものがあるか，その種類を考えれば，わかりやすいと思います。たとえば資産にはどのようなものがあるでしょうか。

　まず現金と預金が資産であることに異論はないと思います。会社はこの現金や預金を使って，原材料を仕入れ，製品をつくります。製品になる前の原材料や，売れる前の製品も資産です。原材料や製品などを総称して，棚卸資産と言います。これらの資産に投じた資金は，製品を販売することによって回収します。回収すべき資金でまだ受け取っていないものを，一般に未収金と言いますが，商品や製品の販売代金の未収金には特に売掛金という名前が付いています。また日本の企業実務では，売掛金の支払いとして，現金の代わりに手形（正確には為替手形または約束手形）を受け取ることがあります。手形というのは，一定の期日に支払いを約束する証書で，これをもっているとき，貸借対照表では受取手形と表します。他人に支払いなどを請求する権利のことを債権と言い，売掛金や受取手形は売上に伴う債権なので，売上債権と呼ばれます。このように，資産の種類に応じて現金，預金，原材料，製品，未収金，売掛金，受取手形などの勘定科目が使われます。負債や純資産，収益，費用についても同様で

す。図表3-5に代表的な勘定科目とその意味を示していますので参考にしてください。また，主要な勘定科目については第4章の補論でも解説しています。

（4） 企業の財務体質を考える

　貸借対照表の貸方は，見方を変えれば，その企業がどんな源泉から，どのような比率でどれだけの資金を集めてきているのか，資金の調達源泉を表しているとも言えます。資金の一部は株主から出資という形で集め，残りは負債の形で集めてきているということです。

　資金の集め方がいいかどうかのことを，企業の財務体質と言います。「財務」という言葉は財務諸表の「財務」と同じ Finance の和訳で，資金の調達を意味します。財務体質がいいとは，借入金が少なく，自己資本が多い，つまり返済すべきお金が少なくて，安定している，という意味です。逆に，短期的に返済すべき負債が多い場合には，返済用の資金を準備しておく必要があるので長期的な観点からの投資ができませんし，いつ返済できなくなるかわかりません。返済できなければ倒産です。そういう状況のときに，財務体質が悪い，と表現します。なかでも，利息を払わなければならない負債のことを有利子負債と言い，財務体質に大きく影響します。

　一方，貸借対照表の借方は集めた資金が何に使われているかを示します。事業を行うために，工場を建てたり，原材料を仕入れて製品をつくったりと，資金が形を変えているわけですが，ある一時点でのその状況を表しているのが借方の資産の部だと言えます。いわば借方は集めた資金の運用状況というわけです。

　借方では，資産の質にも注意が必要です。たとえば資産の一部として製品があるけれど，とても売れそうにない，というとき，これを不良在庫と呼びます。また売上債権のうち回収できそうにないものがあれば，不良債権です。不良在庫や不良債権がある場合，本来は，会計上もその価値を正しく評価して計上すべきことになっています。

図表3－5　代表的な勘定科目とその意味

	勘定科目名	意　味	勘定科目名	意　味
資産	現金	会社が保有している現金の額	商品	販売用に外部から仕入れた商品で期末に在庫になっているものの金額
	預金	期末時点の預金の残高。定期預金，当座預金など	製品	販売用に自社で製造した製品で期末に在庫になっているものの金額
	受取手形	売上代金として受け取り，保有している手形（支払いを約束した証書）の額	原材料	製品を製造するために仕入れた原材料で期末に在庫になっているものの金額
	売掛金	売上代金のうち，現金預金，手形などで回収していない金額	建物	工場や本社ビルなどの建物の価額。建設時の支払金額を基礎とする。
	貸倒引当金	売掛金，受取手形などの売上債権等のうち回収不能の見込み額。売上債権等のマイナスを意味する。	機械装置	工場等で使う機械や装置の価額。購入時の支払金額を基礎とする。
	有価証券	株式，国債，社債などで，売買目的で保有しているもの	減価償却累計額	建物や機械装置などの固定資産の価値は時間とともに減少していく。その価値の減少額の現在までの合計額
	未収金	売上債権以外で受け取る権利があるお金で，未回収の金額	土地	会社が保有する土地の価値を表す。通常は購入のために支払った金額
	前払費用	翌期分の家賃や保険料などを前払いした場合の前払い分の金額	投資有価証券	満期まで保有する目的で買っている社債などへの投資額
負債	支払手形	商品，原材料等の仕入代金として発行して，まだ決済されていない手形の金額	未払費用	今期分の家賃や保険料などでまだ支払っていない分の金額
	買掛金	商品，原材料等の仕入代金のうち，未払いの金額	長期借入金	銀行等からの借入金のうち，支払期限が1年超のものの額
	短期借入金	銀行等からの借入金のうち，支払期限が1年以内のものの額	社債	資金を調達するために自社が発行した債券（社債）のうち，償還していないものの額

3 財務諸表を理解しよう

純資産	資本金	株主が払い込んだ金額のうち，法律上の資本金に組み入れた金額	利益剰余金	利益のうち，株主に配当せず会社に留保している金額。法律上の規定に基づく利益準備金，会社の判断で積み立てている任意積立金などがある。
	資本剰余金	株主が払い込んだ金額のうち，資本金としなかった金額等		
収益	売上高（売上）	商品，製品の売上金額の1年分の合計額	有価証券売却益	保有していた株式，国債等を売却したことによる利益
	受取利息	貸付金や国債，社債等を保有していたために受け取った利息の合計額	有価証券評価益	期末に保有している株式，国債等の市場価格が上がったことによる評価益
費用等	売上原価	販売した商品・製品に対応する仕入・製造の原価	支払利息	借入金や発行済みの社債に関して支払った利息の額
	給料	1年間に支払った従業員の給料の合計額	販売手数料	商品，製品の販売のために代理店等に支払った手数料など
	貸倒引当金繰入額	売上債権の回収不能見込み額として当期に計上した金額	有価証券売却損	保有していた株式，国債等を売却したことによる損失
	減価償却費	建物や機械装置などの固定資産の価値は時間とともに減少していく。その当期分の減少額を表す。	有価証券評価損	期末に保有している株式，国債等の市場価格が下がったことによる評価損
	退職給付費用	将来，従業員に退職金や年金を支給する場合の費用のうち，当期の負担分の金額	法人税等	法人税とは会社の利益にかかる税金。正確に言えば費用ではなく，利益からのマイナス

Column:ルールと企業行動

本文で述べたように,財務会計には会計基準が必要です。日本には以前から日本の会計基準がありましたが,ここ10年ほどの間に,国際会計基準への統合が進みました。会計基準とは,利益を計算する際のルールのようなものですから,これはいわばゲームのルールが変わったに等しい変化です。

たとえばフィギュアスケートで採点のルールが変われば,新しいルールで高得点が得られるように演技の内容を変えるでしょう。野球やサッカーでも,仮にルールが変わったとすれば,ルールに合わせて戦略や戦術を変えるのではないでしょうか。同じように,利益を計算するルールが変われば,企業の行動もそれに適応して変わる可能性があります。もう少し広い視野で捉えれば,会計だけでなく,情報開示の内容や企業の評価の仕方が変わることで,企業行動にも影響が出てきます。その変化は,社会にとって望ましい変化になっているでしょうか。制度を単に受け入れるだけでなく,ときに,その影響を批判的に見ていくことも必要なようです。

演習問題

1 A社とB社は,同じ業種に属する企業である。以下の簡略化した貸借対照表と損益計算書を見て,次の問いに答えなさい。

A社損益計算書

売上高	1,000
売上原価	600
売上総利益	400
販売費・管理費	350
営業利益	50
営業外収益	200
営業外費用	100
経常利益	150

B社損益計算書

売上高	1,500
売上原価	1,200
売上総利益	300
販売費・管理費	250
営業利益	50
営業外収益	50
営業外費用	80
経常利益	20

3 財務諸表を理解しよう

A社貸借対照表

現金預金	50	買掛金	200
売上債権	400	借入金	300
製品	200	負債合計	500
固定資産	400	純資産	550
資産合計	1,050	負債・純資産合計	1,050

B社貸借対照表

現金預金	50	買掛金	300
売上債権	150	借入金	500
製品	200	負債合計	800
固定資産	600	純資産	200
資産合計	1,000	負債・純資産合計	1,000

(1) 売上の規模が大きいのはどちらの会社か。
(2) 売上に対する売上原価の比率を比べてみなさい。どのようなことが言えるか。
(3) 売上に対する売上債権の比率を比べてみなさい。どのようなことが言えるか。
(4) 財務体質がより良いのはどちらの会社か。

補論　国際会計基準とは何か

本文で述べたように，日本でもすでに，IASB（国際会計基準審議会）が策定するIFRS（国際財務報告基準）の任意適用が認められ，今後強制適用となる可能性もあります。そこでIFRSとはどのようなものなのか，その概要を簡単に解説しておくことにしましょう。

1　IFRSの構成

IFRSというのは，1つのまとまった文章になっているわけではなく，IASBが項目ごとに公表した複数の基準の総称です。IASBの前身のIASC（国際会計基準委員会）の時代にIAS（国際会計基準）の第1号（財務諸表の表示）から，第41号（農業）まで，41の基準が策定され，そのうち29項目がIASBに引き継がれています。さらにIASBになってからIFRS第1号（国際財務報告基準の初度適用），第2号（株式報酬），第3号（企業結合）

というように，順に新たな基準が公表されています。このように項目別になっていますから，年々，新項目が追加され，既存の項目も必要に応じて改訂されます。また，IFRSを補足するために，IFRIC (IFRS Interpretation Committee：IFRS解釈委員会）が適宜，解釈指針を公表しています。これらの全体を国際会計基準と呼んでいるのです。

2 規則主義から原則主義へ

IFRSの特徴の1つは，原則主義アプローチ（principles based approach）を採用したことだと言われます。

従来の日本やアメリカの会計基準は規則主義アプローチ（rules based approach）と呼ばれ，どのような場合にはどのような会計処理をすべきかが事細かに規定されていました。その方が，基準が明確なので間違いがなくてよさそうに思えるかもしれません。会社による判断の余地が少なく，企業間の比較可能性も高まります。

しかし，起こり得るさまざまな場合を想定して多くのルールを用意するために，基準が複雑になるという弊害があったと言われます。また，基準の抜け道を探すような不正行為も起こりました。そこで提唱されてきたのが原則主義のアプローチです。原則主義といっても基準やルールが全くないわけではなく，基本的な基準は定めるのですが，あらゆる状況に対応するルールを用意することはせず，原則に照らして適切な判断を求めるものです。形式的に基準を守っていればいいのではなく，基準の精神を守ることが求められるのです。

3 資産負債アプローチと包括利益

日本の会計では，当期の収益から当期の費用を引いて当期純利益を計算する，と考えます。この考え方を収益費用アプローチと言います。一方，IFRSでは資産負債アプローチという考え方をとっています。これは，次のような考え方です。

貸借対照表の資産と負債の差額が純資産ですが，この純資産は株主が払い込

んだ資本と、その後の利益の蓄積からなります。したがって、株主から新規の払い込みがない限り、前年度末の純資産と今年度末の純資産を比べて増えている分が、今年度に新たに生み出された利益ということになります。そこで、資産の価値と負債の大きさを正しく評価することで、結果として利益を導こうと考えるのです。これが資産負債アプローチです。

利益が出れば、当然、それに対応する収入があるはずですから、純資産も増えているはずです。ですから、収益費用アプローチと資産負債アプローチは表裏の関係にあり、基本的な部分はそれほど変わりません。ただ、資産負債アプローチでは資産の価値をどう評価するかということが、より重視されます。そしてIFRSでは、資産の価値は公正価値（fair value）で捉えることを原則とし、株式や国債のように市場価格のあるものは、その市場価格を公正価値と考えます。そのため株式などの市場価格が値上がりすれば、資産の価値の評価も上がり、収益費用アプローチでは当期純利益に含めないような資産の評価益も、資産負債アプローチでは利益に含まれることになるのです。このように当期純利益以外の評価益などもすべて含んだ利益のことを包括利益（comprehensive income）と呼んでいます。

本書で説明している損益計算書は当期純利益を計算するところで終わっていますが、IFRSの包括利益計算書では、当期純利益のあとに「その他の包括利益」の欄を加えて、包括利益まで計算することになります。

4　株式相互持合と値上がり益

日本の会計基準はIFRSとのコンバージェンスを進めてきましたから、すでに大きな違いは解消されています。たとえば売買目的の有価証券（株式など）については、日本の基準でも時価評価することになっていますから、その評価損益は当期純利益に含まれます。

けれども売買目的ではない有価証券の値上がり益などは、当期純利益には含めません。売るつもりがない以上、値上がりしても、当期の利益ではないと考えるのです。しかしIFRSでは、売るつもりがなくても市場価格のあるもの

は，市場価格で評価しなければなりません。そうなると，当期純利益と包括利益は異なってきます。

　それでは売買目的でない有価証券とはどのようなものでしょうか。第5章の連結財務諸表のところで説明する子会社の株式は代表的な例ですが，これは連結決算をするなら関係ありません。ところが，日本の企業慣行では，子会社ではなく，売買目的でもない株式を保有することがあるのです。それは，株式の相互持合と言われるものです。たとえば日本には三菱と名の付く会社がたくさんあります。三菱重工業，三菱商事，三菱東京ＵＦＪ銀行，三菱自動車，三菱マテリアル，三菱地所，三菱化学などです。これらの会社はそれぞれ独立した上場企業ですが，互いに他の企業の株式を数パーセントずつ保有しています。仮に，三菱重工業の株式を，三菱商事や三菱東京ＵＦＪ銀行などが3％ずつもっていたとしても，10社集まれば30％です。これを株式の相互持合と言います。こうして相互に密接に結び付き，三菱グループという，1つの企業集団を形成しているのです。

　この場合，グループ形成の柱として相互持合をしているのですから，株価が上がったから売るといったことは，普通はしません。ですから日本の会計基準では，この種の株式の値上がり益は当期純利益に含めないのですが，ＩＦＲＳでは売れる可能性がある以上，利益に含めるべきだと考えるのです。このように利益の考え方が変わるのは，ＩＦＲＳ導入の大きな特徴の1つです。

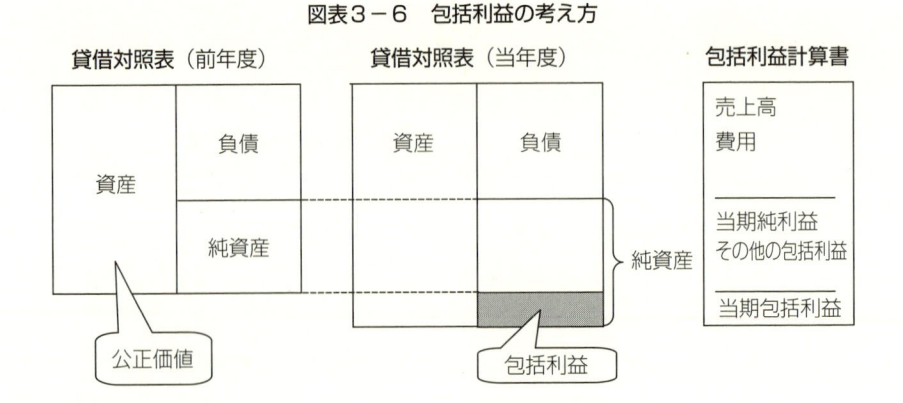

図表3－6　包括利益の考え方

4 簿記の仕組みを知ろう

　前章では，貸借対照表と損益計算書を紹介しましたが，これらはどうやってつくるのでしょうか。当然のことながら，B／SやP／Lは会社の実態を表さなければいけません。そのためには，日々の取引を記録し，その記録に基づいて決算をすることが必要です。取引を記録し，そこから財務諸表をつくる技法が「簿記」です。簿記の詳しい方法を学ぶには，簿記の授業を受けたり，専門のテキストを読んだりする必要がありますが，本章では簿記を知らない人のために，あるいはこれから簿記を学ぼうという人の準備のために，その概要を解説することにしましょう。

Points
- 資産の増加は仕訳の借方，資産の減少は仕訳の貸方
- 仕訳の借方は元帳の借方，仕訳の貸方は元帳の貸方に転記する
- 元帳残高からB／SとP／Lをつくる

1　取引を「仕訳」で記録する
（1）　仕訳とは何か
　商品を仕入れたり，それを売り上げたり，給料を払ったりという「取引」は日常的に行われます。それらを日々，記録しておかなければ，期末にB／SやP／Lはつくれません。それでは何を記録しておく必要があるのでしょうか。B／SやP／Lは勘定科目と金額で成り立っています。ですから少なくと

も，取引ごとに，勘定科目と金額を記録する必要があります。個々の取引について，勘定科目と金額を記録しておけば，最後に，同じ勘定科目の金額を集計して，まとめることで，B／SとP／Lがつくられるのです。ところが，1年間には膨大な数の取引がありますので，その大量の記録の中から，同じ勘定科目のものを抜き出して集計するのは大変な作業です。それを簡単にするための工夫の1つが，「仕訳」という記録方法です。そして，仕訳という方法で取引を記録して，決算を行う方法が，複式簿記と言われるものなのです[(2)]。

　仕訳とは，1つの取引を，借方と貸方の2つの勘定科目で記録する方法です。ここで，貸借対照表のところで見た借方と貸方の考え方が役に立ちます。たとえば現金は資産で，貸借対照表の借方にあります。そこで，現金が増えたときには，仕訳の借方に記録します。また，1つの勘定科目で，借方と貸方は反対の意味を表します。借方がプラスなら，貸方はマイナス，逆に貸方がプラスなら借方はそのマイナスです。現金は増えたときが借方ですから，減ったときには仕訳の貸方に記録します。

　なお，仕訳をする際は，勘定科目と金額以外にも，取引のあった日時や取引の内容（摘要）などを記録し，請求書や領収書など（証憑書類と言います）をファイルしておく必要があります。仕訳を手書きでするときは，仕訳帳という帳面か，伝票という専用の用紙に書き込みます。パソコン用の会計ソフトや会社の独自の会計システムを使う場合は，画面上で入力すれば，あとは自動的に処理してくれます。

（2）設例で考える

　簿記は，言葉だけで抽象的に説明すると難しく感じますが，これは「習うより慣れろ」で，実際にやってみれば，さほど難しくはありません。ここで1つ例題を見てみましょう。次のような簡単な設例を考えます。

[(2)] 簿記には複式簿記と単式簿記があります。単式簿記とは，小遣い帳や家計簿のように入出金だけを記録する方法です。単式簿記は企業の会計をするには向かないので，企業会計で簿記といえば，普通は複式簿記を意味します。

4 簿記の仕組みを知ろう

【設 例】
　4月1日に株主が2,000,000円を払い込んで，会社を設立した。
　4月10日に事務所の家賃100,000円を現金で支払った。
　4月15日に商品1,500,000円を現金で仕入れた。
　4月20日に商品が2,200,000円で売れて，代金を現金で受け取った。
　4月25日に給料250,000円を支払った。
　4月30日に決算日を迎えた。仕入れた商品はすべて販売したので在庫はゼロだった。

　以上，とても簡略化した設例ですが，これを使って，具体的に仕訳の仕方を解説していきたいと思います。なお，話を簡単にするために，会社の設立から1か月で決算を迎えたことにしています。それでは，1つ1つの取引ごとに，仕訳を見ていきましょう。

○4月1日に株主が2,000,000円を払い込んで，会社を設立した。

（借方）現　　金　2,000,000　（貸方）資　本　金　2,000,000

【解　説】
　現金が払い込まれれば会社の現金は増えますから，現金が2,000,000円増えたということを表すために，仕訳の借方に，現金で2,000,000という記録をします。現金は貸借対照表の借方なので，増えたときに借方に仕訳するのです。一方，反対側の貸方には，現金2,000,000円が増えた理由を示します。この場合は株主が払い込んでくれたからですが，それは，貸借対照表の貸方の純資産の部が増えたということを意味します。「資本金」というのは純資産の部の中で株主が払い込んだ金額を表す勘定科目です。純資産はもともと貸借対照表の貸方ですから，貸方に記入することで，増えた，ということを意味します。したがってこれは，株主の払い込みによって現金が2,000,000円増えると同時に，資本金も2,000,000円増えたということを表しているのです。これが仕訳です。

53

このように仕訳では，必ず借方と貸方の金額が等しくなるように，勘定科目と金額を記入します。

○4月10日に事務所の家賃100,000円を現金で支払った。

| （借方）支 払 家 賃　　100,000 | （貸方）現　　　　金　　100,000 |

【解　説】
　家賃を払えば現金が減りますから，現金が100,000円減ったということを表すために，仕訳の貸方に現金で100,000という記録をします。借方は，現金が100,000円減った理由を表しています。この場合は家賃を払ったからなので，支払家賃という勘定科目を使っています。この勘定科目は損益計算書に載る費用を表しています。つまりこの仕訳は，これだけで，支払家賃という費用が発生して，その結果，現金が100,000円減ったということを同時に表しているのです。この例から，費用の発生は借方に記載される，ということを覚えてください。

○4月15日に商品1,500,000円を現金で仕入れた。

| （借方）仕　　　　入　　1,500,000 | （貸方）現　　　　金　　1,500,000 |

【解　説】
　この場合も，現金が減っているので，貸方に現金1,500,000と記録します。相手側の勘定科目（略して相手勘定），つまり借方の勘定科目は「仕入」を使いました。これは，現金が減ったのは，商品を仕入れたことが原因だということを示しています。この仕入れた金額は，商品が売れたときには，それに対応する費用（売上原価）になるものです。

○4月20日に商品が2,200,000円で売れて，代金を現金で受け取った。

（借方）現　　　金　2,200,000　　（貸方）売　　　上　2,200,000

【解　説】
　今度は，現金が増えていますから，貸借対照表と同じ側，つまり借方に現金の増加を記録します。相手勘定は「売上」です。これは損益計算書の収益を表す勘定科目です。収益の発生は貸方にくるわけです。

○4月25日に給料250,000円を支払った。

（借方）給　　　料　250,000　　（貸方）現　　　金　250,000

【解　説】
　この仕訳は，支払家賃のときと同じパターンです。給料も費用の一種ですが，費用の内容に応じて勘定科目の名称が変わるのです。

　以上で，設例の取引をすべて仕訳することができました。このように仕訳とは，日付順，取引順に，すべての取引を記録していくものです。ここで，仕訳をするときの基本的なパターンを整理すると，図表4－1のようになります。

図表4－1　仕訳の基本パターン

	借　方	貸　方
資産：現金，売掛金，製品，固定資産など	増えた	減った
負債：買掛金，借入金，社債など	減った	増えた
純資産：資本金など	減った	増えた
収益：売上，受取利息，売却益など	－	発生した
費用：給料，家賃，仕入など	発生した	－

（注意）　商品を仕入れた場合の仕訳の仕方には，いろいろな方法があります。「商品」という勘定科目を使う方法などもあり，簿記の教科書では，まずそこから始めることが多いかもしれません。けれども本書では，簿記を詳しく説明することを目的としていませんから，最も一般的に使われている方法として，「仕入」勘定と「売上」勘定を使う方法で説明します。通常の簿記の説明でも最終的にはこの方法になると思いますが，はじめのうち説明が違っても混乱しないようにしてください。

2 仕訳を元帳に「転記」する

このように仕訳という形で発生順に，取引別に記録したデータを，今度は勘定科目別に集計することが必要です。そのために，今度は勘定科目別に金額を集計するための帳簿を使います。これを総勘定元帳（略して元帳）と言います。そして仕訳の金額を元帳に書き写していきます。この作業のことを「転記」と言います。

このときに借方と貸方に分けて記録した仕訳という記録方法が役立ちます。元帳にも借方欄と貸方欄があるので，勘定科目ごとに，仕訳の借方の金額は元帳の借方欄へ，仕訳の貸方の金額は元帳の貸方欄へ，それぞれ転記するのです。

図表4-2 転記のルール

仕　訳		総勘定元帳
借方の勘定科目（の金額）	→	借方欄
貸方の勘定科目（の金額）	→	貸方欄

それでは実際に転記してみましょう。元帳は勘定科目ごとにつくるので，現金勘定の元帳，売上勘定の元帳など，たくさんつくることになります。ためしに現金勘定元帳を例にとり，4月1日から4月25日までの仕訳を金額だけ転記してみると，次のようになります。

（借方）	現　　金	（貸方）
	2,000,000	100,000
	2,200,000	1,500,000
		250,000

仕訳で借方に現金勘定があれば，それだけ現金が増えたことを意味します。その金額をそのまま現金勘定元帳の借方に転記してきますから，元帳の借方の金額は，これだけ現金が増えたことを表しているわけです。現金勘定元帳の貸方は，逆に，これだけ現金を支払ったというわけです。したがって借方と貸方の差額をとれば，今，いくら残っているかがわかります。これが，元帳に転記することの基本的な意義です。

ただ，このままでは，元帳を見たときに，なぜこのような入金や支払いがあったのかがわからず，不便です。そこで，転記するときに日付や仕訳の相手方の勘定科目も一緒に記入することになっています。すると，元帳の記入は次のようになります。

(借方)			現　　金		(貸方)
日付	相手勘定	金額	日付	相手勘定	金額
4／1	資　本　金	2,000,000	4／10	支 払 家 賃	100,000
4／20	売　　　上	2,200,000	4／15	仕　　　入	1,500,000
			4／25	給　　　料	250,000

これを見て「資本金勘定が借方に来ている」と誤解しないでください。4月1日の記載は，あくまでも現金が借方で2,000,000円増えたのであって，相手勘定欄の「資本金」はその理由を示しているのです。資本金として2,000,000円を払い込んでもらったので，現金が増えたという意味です。なお，実際の帳簿（仕訳帳や元帳）ではこのほかに，二重転記や転記漏れを防ぐためにチェックマークを記す欄（元丁欄，仕丁欄など）がありますが，それらは省略しています。

このようにして，1年間仕訳をし，それをそのつど元帳に転記していきます。すると，たとえば現金勘定の元帳の借方を合計すれば，1年間の入金額の合計がわかります。貸方の合計は1年間の支払額を表します。その差額が，入金と支払いの差額ですから，期末の現金の残高ということになります。

現金という勘定科目は貸借対照表の資産の科目ですが，損益計算書の勘定科目の例も見ておきましょう。たとえば売上という勘定科目の元帳は次のようになります。

(借方)			売　　上		(貸方)
日付	相手勘定	金額	日付	相手勘定	金額
			4／20	現　　金	2,200,000

これは，4月20日に2,200,000円の売上があり，代金は現金で受け取ったということを表しています。この例では記録はこの1つしかありませんが，何回も売上があれば，そのつど仕訳から売上勘定に転記されますから，貸方の金額を合計すれば1年間の売上高の合計がわかることになります。
　こうしてそれぞれの元帳の合計金額や残高が計算できれば，勘定科目ごとの1年分の金額がわかるのですから，それらを基にして貸借対照表と損益計算書ができるのです。

3　元帳から試算表へ

　ここまでくれば，B／S，P／Lの作成までは，あと一息です。次に，元帳の記録からB／S，P／Lを作成するプロセスについて，見ていくことにしましょう。
　総勘定元帳への転記がすべて終わったら，元帳ごとに（つまり勘定科目ごとに），借方金額は借方金額，貸方は貸方で，合計してみましょう。そして各勘定科目の借方，貸方の合計金額を一覧表にします。これを，合計試算表と言います。仕訳は必ず借方と貸方が同額ですから，仕訳が正しく行われ，転記もきちんとできていれば，合計試算表の借方金額の合計と貸方の合計も等しくなるはずです。
　逆に言えば，合計試算表をつくることで，仕訳に間違いはないか，転記に間違いはないか，合計（足し算）に間違いがないかを確かめることができるのです。ここまでの設例を基に合計試算表をつくると次のようになります。

4 簿記の仕組みを知ろう

合 計 試 算 表

(単位：円)

借方	勘定科目	貸方
4,200,000	現　　　　金	1,850,000
	資　本　金	2,000,000
	売　　　　上	2,200,000
1,500,000	仕　　　　入	
100,000	支　払　家　賃	
250,000	給　　　料	
6,050,000	合　　　　計	6,050,000

　次に，各勘定科目別に，借方と貸方の大きい方から小さい方を引いて，差額を計算します。この差額のことを「残高」と呼びます。残高は，必ず借方か貸方のどちらか片方に残るわけです。それを一覧表にしたものを残高試算表と言います。次に示すのは，合計試算表と残高試算表を一緒にした合計残高試算表の例です。

合 計 残 高 試 算 表

(単位：円)

残高	合計	勘定科目	合計	残高
2,350,000	4,200,000	現　　　　金	1,850,000	
		資　本　金	2,000,000	2,000,000
		売　　　　上	2,200,000	2,200,000
1,500,000	1,500,000	仕　　　　入		
100,000	100,000	支　払　家　賃		
250,000	250,000	給　　　料		
4,200,000	6,050,000	合　　　　計	6,050,000	4,200,000

　この残高試算表ができれば，いよいよB／SとP／Lの形が見えてきます。あとは，貸借対照表の勘定科目と，損益計算書の勘定科目をそれぞれ集めればいいのです。たとえばこの設例では，現金は資産なので，貸借対照表の借方の

科目，資本金は純資産の一種で貸借対照表の貸方の科目です。しかし，これだけでは，B／Sの借方と貸方が一致しません。なぜでしょうか。資本金勘定の2,000,000円という残高は，最初に株主が払い込んだ金額ですが，その後1年間（この設例では1か月ですが）の活動で，利益が上がったからです。ですから，現金の残高2,350,000円と資本金との差額の350,000円を当期の利益として貸方に加えれば，貸借対照表のできあがりです。

　この利益は損益計算書からも計算できます。上記の合計残高試算表では，売上，仕入，支払家賃，給料が損益計算書を構成する勘定科目です。この設例では仕入れたものがすべて売れているので，仕入の1,500,000円がすべて売上原価になります。そこで，売上という収益から，売上原価である仕入と，支払家賃，給料という費用を差し引くと，350,000円になります。これが損益計算書で計算した当期純利益です。この利益の分だけ，貸借対照表上で，株主の純資産が増えたというわけです。

　このように，残高試算表の借方と貸方は一致しているのですが，それを2つに分けることで，貸借対照表と損益計算書ができるのです。図表4－3は，そのことを視覚的に表したものです。

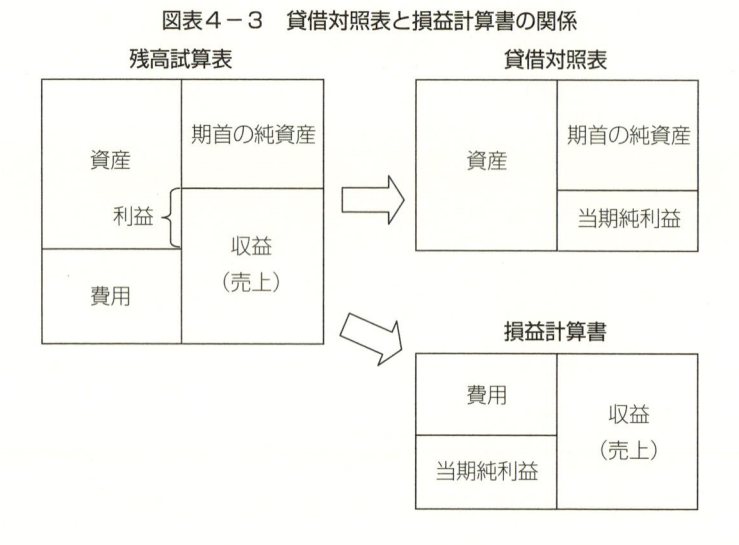

図表4－3　貸借対照表と損益計算書の関係

残高試算表

資産	期首の純資産
利益	収益（売上）
費用	

貸借対照表

資産	期首の純資産
	当期純利益

損益計算書

費用	収益（売上）
当期純利益	

4 精算表の使い方－B／S，P／Lはこうできる

前節では残高試算表から貸借対照表と損益計算書がどのように導けるのかの直観的な説明をしました。この部分がわかりにくいという場合は，どの勘定科目が資産で，どの勘定科目が負債かが，よくわかっていないせいかもしれません。まず貸借対照表と損益計算書の基本的な構造と勘定科目を覚えてください。資産と負債と純資産，収益と費用，これらを勘定科目名から見分けられるようになれば，会計はぐっと身近になるはずです。

次に，上で直観的に説明したことを，表の形で示します。この表のことを精算表と言います。これは，残高試算表から出発して貸借対照表，損益計算書をつくるための一種の作業シートです。使い方は，次のとおりです。

① 精算表の「残高試算表」欄に，各勘定元帳の残高を書き写します。
② 損益計算書に関連する勘定科目の金額を「損益計算書」欄に，貸借対照表に関連する勘定科目の金額を「貸借対照表」欄に，それぞれ横にシフトして書き写します。このとき，借方は借方へ，貸方は貸方へと書き写すよう注意します。
③ 損益計算書欄の収益から費用を引いて，差額で当期純利益を計算します。費用の方が大きいときは，当期純損失になります。
④ こうして計算した当期純利益の金額を貸借対照表欄にも書き写します。

これで，貸借対照表欄，損益計算書欄ともに，合計が貸借一致しているはずです。

以上が，簿記の基本的な流れです。最後に，公表用の様式に合わせて，貸借対照表と損益計算書の金額を書き込んでいきます。なお，この設例は会社を設立するところから始めましたから，勘定科目の当初の残高はすべてゼロでしたが，2年目以降は前年度の資産，負債，純資産の残高を引き継いで始まります。具体的には，資産である現金と純資産である資本金の元帳で，当期分の記入が終了したことを示す線を引き，翌期分の欄の1行目に「前年度からの繰越」として当期末の残高を書き込んで，来年度の記入に備えます。このように帳簿上

で当期分の記入を終了する手続のことを，帳簿の締切と言います。

精　算　表

勘定科目	残高試算表		損益計算書		貸借対照表	
	借　方	貸　方	借　方	貸　方	借　方	貸　方
現　　　金	2,350,000				2,350,000	
資　本　金		2,000,000				2,000,000
売　　　上		2,200,000		2,200,000		
仕　　　入	1,500,000		1,500,000			
支 払 家 賃	100,000		100,000			
給　　　料	250,000		250,000			
当期純利益			350,000	────────▶		350,000
合　　計	4,200,000	4,200,000	2,200,000	2,200,000	2,350,000	2,350,000

Column：なぜ簿記を学ぶのか

　今日では，多くの会社で会計はシステム化されていますし，パソコン用の会計ソフトも多いので，今どき，手書きで帳簿をつけることなど，ほとんどないかもしれません。なんだ，それなら簿記なんて知らなくてもいいではないか，と思うかもしれません。しかし，簿記の原理を理解していないと，会計ソフトを使いこなすのは大変です。ソフトがブラック・ボックスになってしまって，その中でどのような処理がなされているのか，意味がわからないからです。

　また，財務会計を理解するためには，仕訳でものを考える習慣が役立ちます。何が資産になって，何が費用になるのかということが，感覚として身についていれば，貸借対照表や損益計算書を読むのも楽になります。簿記は勉強の仕方がある程度確立しているので，勉強しやすい点も魅力です。日本商工会議所が簿記検定という試験を実施していますから，この試験を目指して勉強するのもよいでしょう（http://www.jcci.or.jp/）。4級から1級まで，レベルに合わせて受けることができます。勉強の習慣をつけることにも役立ちますから，挑戦してみてはどうでしょうか。

演習問題

1 次の取引を仕訳しなさい。

4月1日 株主から現金で15,000,000円の払い込みがあり，会社を設立した。

(借方)	(貸方)

4月12日 商品12,000,000円分を現金で仕入れた。

(借方)	(貸方)

4月18日 上記の商品をすべて16,000,000円で販売し，代金を現金で受け取った。

(借方)	(貸方)

4月25日 給料として1,500,000円を現金で支払った。

(借方)	(貸方)

4月30日 期末に固定資産として2,000,000円の機械を購入し，代金を現金で支払った。
　　　　　決算日を迎えた。仕入れた商品はすべて販売し，在庫はゼロだった。

(借方)	(貸方)

2 上記の取引の仕訳を基に現金勘定の元帳に転記しなさい。

(借方)			現　　金		(貸方)
日付	相手勘定	金額	日付	相手勘定	金額

3　上記の仕訳と元帳残高を基に以下の精算表を完成させなさい。

精　算　表

勘定科目	残高試算表		損益計算書		貸借対照表	
	借　方	貸　方	借　方	貸　方	借　方	貸　方
現　　　金						
機械装置						
資　本　金						
売　　　上						
仕　　　入						
給　　　料						
当期純利益						
合　　　計						

補論　より詳しく簿記を学びたい人のために

　本文では，非常に単純化した設例で簿記の基本的な流れを解説しました。しかし，これだけでは実際に簿記を行うには不十分です。そこで，もう少し詳しく知りたいという人のために，代表的な勘定科目に関する仕訳の例と，日常の仕訳以外に必要となる決算整理のいくつかを紹介したいと思います。

1　決算整理－売上原価の計算を例に

　ここまで，話を簡単にするために，期中の取引を仕訳して転記した元帳の残高をそのまま使えば，B／S，P／Lを作成できるという，単純なケースで説明してきました。しかし，普通は，元帳の金額そのままでは正しい決算はできません。決算のときに元帳の金額を修正してやる必要があるのです。そのような修正のことを決算整理と言い，決算整理のために期末に追加する仕訳のことを決算整理仕訳と言います。決算整理仕訳の例として売上原価の計算を取り上

げて説明してみましょう。

　本文の設例では，仕入勘定の金額が全部，損益計算書の売上原価になりました。期末に商品の在庫がなく，仕入れたものがすべて売れたという仮定だったからです。そのため，仕入のときに支払った金額がすべて売上原価だったのです。

　それでは，仕入れた商品が全部は売れず，一部が売れ残った場合は，どうでしょうか。今期売れ残った商品は，来期に売れるかもしれません。つまり来期の売上に貢献します。ということは，その分の仕入金額は，今期の費用ではなく，来期の売上に対応する費用のはずです。そこで，在庫となった商品は資産として貸借対照表に計上し，来期に繰り越すことにします。このような会計処理は，期末に在庫が残っていることを確認して，初めてできることなので，決算整理仕訳として期末に仕訳を追加するのです。

【設　例】

　本文の設例を，

> 4月30日に決算日を迎え，仕入れた商品のうち300,000円が在庫として残っていた。

と変更します。

［決算整理仕訳］

（借方）繰 越 商 品　　300,000　　（貸方）仕　　　　入　　300,000

【解　説】

　通常の複式簿記では，仕入勘定を使って売上原価を計算します。つまり仕入勘定の残高が売上原価になるようにします。そのために，仕入勘定の残高から，期末に残っている商品の分を差し引き，その分を繰越商品という勘定科目に振り替えてやるのです。仕入勘定は，通常，借方に残高が来ますから，仕入勘定の貸方に仕訳することで，300,000円分をマイナスしたことになります。一方，繰越商品は，期末に商品が残っていることを表す貸借対照表の資産の勘定科目

です。ですから，借方に仕訳することで期末に在庫があることを示します。

　この決算整理仕訳を加えると貸借対照表と損益計算書はどう変わるでしょうか。精算表を使って説明しましょう。次に示す精算表では，本文の例に，決算整理仕訳を記入する欄が加わっていることがわかると思います。表の左端の残高試算表欄は期中の仕訳の結果だけでつくるので，本文の例と変わりません。これに決算整理仕訳を書き加えます。そして損益計算書欄と貸借対照表欄へと数字を書き写すときに，残高試算表の数値に決算整理仕訳の数値を加味して書き写すのです。たとえば仕入勘定では，残高試算表欄の借方1,500,000円から決算整理仕訳の貸方300,000円を差し引いた1,200,000円が損益計算書の借方，つまり費用（売上原価）になっています。それ以外の作り方は，さきほどの例と同じです。売上は変わらず，売上原価が300,000円減りましたから，結果として本文の例より利益が300,000円増え，650,000円になりました。

精　算　表

勘定科目	残高試算表		決算整理仕訳		損益計算書		貸借対照表	
	借方	貸方	借方	貸方	借方	貸方	借方	貸方
現　　　　金	2,350,000						2,350,000	
繰 越 商 品	0		300,000				300,000	
資　本　金		2,000,000						2,000,000
売　　　　上		2,200,000				2,200,000		
仕　　　　入	1,500,000			300,000	1,200,000			
支 払 家 賃	100,000				100,000			
給　　　料	250,000				250,000			
当 期 純 利 益					650,000			650,000
合　　　計	4,200,000	4,200,000	300,000	300,000	2,200,000	2,200,000	2,650,000	2,650,000

2 売上債権

　本文の設例では売上の代金を現金で受け取ったことになっていますが，実際には，企業間で商品を売買するとき，そのつど代金を現金で支払うということは多くありません。毎回の取引を記録しておいて，1か月なら1か月という期間を区切って，まとめて支払うのが普通です。ひと月の間に何回も取引するので，そのつど支払う手間を省こうというわけです。

　そこで，商品は売ったけれども，代金は未収という状況が一時的に起こります。このとき，売り手には，代金を支払ってもらう権利が生じています。この権利のことを日本語で売掛金と言い，会計上も売掛金という勘定科目を使います。そしてこういう販売方法，つまり代金後払いで売る方法を「掛けで売る」などと言います。ちなみに相手方，つまり買い手には支払いの義務が生じるわけですが，これを買掛金と呼びます。売掛金は，いつ集計して，いつ支払うかということが商慣習や契約として決められています。たとえば「月末締めの翌月末払い」といった具合です。

　期日になれば代金を支払わなければなりません。このとき，銀行から送金してもいいのですが，日本では手形を渡すということもよく行われます。手形とは，一定の期日に一定の金額を支払うことを約束した証書です[3]。手形はいずれ現金に換えられる資産ですから，これを受け取ったら，受取手形という勘定科目で資産に計上します。逆に，手形の支払義務を負う場合は，支払手形という負債の勘定で処理します。ここまでのことを仕訳で考えてみましょう。

　まず商品10万円分を掛けで売ったとすると，

(借方) 売 掛 金　　100,000　　(貸方) 売 上 高　　100,000

という仕訳になります。借方は売掛金という資産の増加，貸方はその理由が売上という収益の発生であることを示しています。この状況で決算日を迎えたと

---

[3] 手形には，振り出した当人が支払う約束手形と，振り出した人が第三者に支払いを依頼する為替手形の二種類があります。詳しくは簿記のテキストなどを参照してください。

すれば，損益計算書には10万円分の売上が計上され，貸借対照表の資産の部に，10万円分の売掛金が計上されることになります。しかし決算より前に売掛金の期日が来て，代金を手形で受け取った，という場合には，

　　（借方）受 取 手 形　　100,000　　（貸方）売　掛　金　　100,000

という仕訳をします。貸方は売掛金という資産がなくなったことを示し，借方は，代わりに受取手形という資産が増えたことを示しています。この時点で決算になれば，貸借対照表には売掛金は計上されず，受取手形10万円が計上されることになります。その後，手形の期日が来て，現金が入金したら，

　　（借方）現　　　　金　　100,000　　（貸方）受 取 手 形　　100,000

と仕訳します。

　他人に支払いを請求する権利のことを債権と言い，売掛金や受取手形は，売上に基づく債権なので，売上債権と呼びます。

3　貸 倒 損 失

　売掛金や受取手形はやがて現金になるという意味で資産ですが，必ず回収できるとは限りません。回収するより前に，相手先が倒産してしまうかもしれないからです。相手が倒産して，売掛金や受取手形を回収できなくなることを「貸し倒れ」と言います。せっかく販売したのに，代金を回収できないということは，その分が損失になるということです。そのような損失を貸倒損失という勘定科目で表します。これは，費用勘定の一種で，損益計算書上で収益からのマイナスとなります。たとえば売掛金10万円が貸し倒れになったとすると，次のような仕訳をします。

　　（借方）貸 倒 損 失　　100,000　　（貸方）売　掛　金　　100,000

　借方の貸倒損失は費用（損失）の発生を表します。貸方の売掛金は，資産の減少を表します。つまり売掛金という債権がなくなってしまったということで

す。なお，収益からマイナスするものを広い意味で費用と呼んでいますが，より正確には，支払いや資産の減少のうち，収益の獲得に貢献するものを狭義の「費用」と言い，収益の獲得と無関係のものは「損失」と言います。収益より費用が大きいために全体としての利益がマイナスになることも損失（当期純損失）と言いますが，それとは別の意味です。

　会計処理はこういうことですが，もちろん重要なことは，できるだけ貸し倒れを起こさないことです。そのためには，販売する時点で取引先の支払い能力をきちんと把握することがポイントになります。これを与信管理と言い，取引先の財務状況の調査や，売掛金の残高を一定限度に設定する与信限度額の設定，これまでの支払状況のチェックなどをします。販売時点だけでなく，その後も取引先に異常がないか，注意しなければなりません。取引先の状況を一番わかるのは，実際に取引で付き合っている営業マンですから，営業マンの観察力が重要になります。ただ売るだけが営業の仕事ではなく，代金を回収するまでが営業の仕事と言われる所以です。

4　貸倒引当金

　当期に販売した代金が当期に貸し倒れになれば，貸倒損失ということになりますが，期末に売掛金として残っているものが，来年度に貸し倒れになるという可能性も考えられます。そうならないに越したことはありませんが，実際には，一定の確率で貸し倒れるのは仕方ない，というのが過去の経験則のようです。そこで，当期に販売した代金が来年度に貸し倒れた場合の損失を，いつの損益に反映するか，ということが問題になります。

　実際に貸し倒れたときに会計処理すればいい，と思うでしょうか。それも1つの考え方です。けれども対応する売上は当期に計上しているのです。100円売ったら，そのうちの2円（2%）くらいが貸し倒れるのは確率的に仕方ない，と考えるならば，それは一種の必要経費と考えて，当期の売上に対応させるという方法も考えられます。別の言い方をすれば，当期の売上によって100円の売掛金があっても，98円しか回収できないとすれば，その売掛金の価値は98円

と評価すべきではないかというのです。このことを，会計に反映するための処理が貸倒引当金です。

引当金というのは，会計学の教科書風に説明すると，「将来の特定の費用又は損失であって，その発生が当期以前の事象に起因し，発生の可能性が高く，かつ，その金額を合理的に見積もることができる場合」に，当期の負担に属する金額を当期の費用又は損失として引当金に繰り入れ，その引当金の残高を貸借対照表の負債の部または資産の部（のマイナス）に記載する[4]，というものです。この説明ではわかりにくいかもしれませんが，要するに，将来発生する費用や損失でも，原因が当期にあって，確実に予測できるものは，当期の費用または損失にする，ということです。

たとえば期末に100円の売掛金があり，平均的に2％が貸し倒れになると予想されるとすれば，次のような仕訳をします。

| （借方）貸倒引当金繰入額 | 2 | （貸方）貸倒引当金 | 2 |

この仕訳は，期末になってみて，いくら売上債権が残っているかが決まらなければできませんから，決算のときに追加する決算整理仕訳の1つです。貸方の貸倒引当金という勘定科目は，貸借対照表の負債科目（または資産のマイナス科目）で，売上債権の評価を減額するという意味をもちます。つまり貸借対照表上，売掛金の残高が100円となっていても，貸倒引当金が2円あるということは，売掛金の実質的な評価価値は98円だということです。貸借対照表に記載するときには，図表3－4のように，資産のマイナス（△）として示します。

一方，仕訳の借方の貸倒引当金繰入額は，「当期，貸倒引当金にこれだけ繰り入れました」という意味で，当期の費用または損失を表します。つまりこれは，損益計算書上の費用・損失の科目ということです。したがって当然のことながら，来年度の貸し倒れを多めに見積もれば，当期の利益は少なくなり，逆に貸し倒れを少なめに見積もれば，当期の利益は大きくなります。もちろん，

---

[4] 企業会計原則注解18.

だからといって，恣意的に見積もっていいというわけではありません。実際に来期になれば，見積もりが正しかったかどうかはすぐわかります。仮に少なめに見積もっていれば，引当金の足りない分は来年度に改めて貸倒損失を計上することになります。

5　有形固定資産と減価償却費

　固定資産とは1年以上資金が固定される資産です。それはさらに，有形固定資産，無形固定資産，投資その他の資産に分類されます。このうち，投資その他の資産は主に1年以上保有する金融資産を，無形固定資産は特許権などの無形の資産を意味します。これに対して有形固定資産とは，土地，建物，機械・装置，車両などの資産です。土地以外は，年月がたてばやがて使えなくなりますから，これらの取得のための支出は長い目で見れば費用です。しかし，すぐに使えなくなるわけではなく，何年かは使えますから，すぐに費用にするのではなく，いったん資産として計上してから，少しずつ費用にしていきます。このとき，有形固定資産に投じた金額を毎年費用化していく手続のことを減価償却と言います。減価とは価値が減るということ，償却とは費用にしていくということです。

　減価償却で重要なことは，毎年の費用（償却額）を適当に見積もるのではなく，一定のルールに従って規則正しく行うということです。実際に固定資産の価値がどのくらい低下したかということを，毎年，客観的に見積もることは不可能です。そのような方法をとろうとすれば，結果的に，企業が恣意的に償却額を増やしたり，減らしたりする可能性が高く，投資家に有用な情報を提供することになりません。そこで，恣意性が入らないように，規則的な計算をすることにしているのです。

　実際に，毎年の償却額を計算するための方法はいくつかあるのですが，ここでは代表的な方法として定額法を紹介しましょう[5]。定額法とは，固定資産の価値が毎年，一定額ずつ減っていくと仮定して計算する方法です。定額法で償却額を計算するためには，①取得原価，②耐用年数，③残存価額の3つの要

素が必要です。取得原価とは，その固定資産の購入価額です。引き取り運賃や据え付け費用などの付随費用も取得原価に含めます。耐用年数とは，固定資産が何年使えるかの見積もりです。これを正確に予想することは不可能ですが，実務的には，法人税法という法律が資産の種類ごとに法定耐用年数を定めていますので，それを使うのが普通です。法定耐用年数に基づいた計算ならば，法人税の申告の際にそのまま認められるからです。残存価額とは，その固定資産が使えなくなったあとの予想処分価格です。たとえばスクラップにして売ったらいくらになるか，ということです。ただし2007年4月1日以降に取得した固定資産については，法人税法が残存価額ゼロを認めましたので，今後はゼロで計算することになりそうです。

　さて，毎年の償却額は，次の式で表せます。

```
償却額 ＝ （取得原価 － 残存価額） ÷ 耐用年数
```

たとえば業務用のパソコンを40万円で購入し，残存価額はゼロ，耐用年数4年と仮定すると，毎年の償却額は10万円ということです。固定資産ごとに耐用年数が違うので，このような計算を固定資産ごとに行うことになります。このようにして計算した償却額は，次の仕訳で決算に反映させます。

```
（借方）減価償却費　100,000　　（貸方）減価償却累計額　100,000
```

　この仕訳は，毎年度末に，決算のために行うので，決算整理仕訳の一種です。貸方の減価償却累計額という勘定科目は，貸借対照表の負債科目（または資産のマイナス科目）で，固定資産の評価を減額するという意味をもちます。たとえばパソコンという資産が貸借対照表上，備品（有形固定資産の一種）として40万円で計上されていても，対応する減価償却累計額が10万円となっていれば，

---

[5] 定額法と並ぶ代表的な方法に定率法があります。定率法は，固定資産の価値が毎年一定の割合で減っていくと仮定し，帳簿価額（取得原価－減価償却累計額）の一定率を減価償却費に計上していく方法です。詳しくは，簿記のテキストを参照してください。

その固定資産の実質的な評価価値は30万円だということです。購入してから1年たったので、1年分の10万円は費用化されたというわけです。通常の貸借対照表では、図表3-4のように、有形固定資産の区分でマイナスとして示します。これは「累計額」ですから、翌年さらに同額の減価償却を行えば、減価償却累計額は合計で20万円となります。

一方、仕訳の借方の減価償却費は、「当期、これだけ減価償却費として計上しました」という意味で、当期の費用を表します。つまり損益計算書上の費用科目です。このように、土地以外の有形固定資産は、長期間使えるから資産なのですが、長い目で見れば減価償却費という形で毎年規則的に費用になるものです。それでは、そのために投じた支出はどうやって回収するかというと、その建物や機械を使って生産した製品を販売し、その販売代金の形で回収していくのです。なお、土地は使用によって価値が減るわけではありませんから、減価償却の対象としません。

6 金融資産

企業が保有する株式や社債、国債などを金融資産と言います。企業は本業を行うほか、余裕資金の運用や、子会社の支配など、いろいろな目的でこれらの金融資産を保有します。

このうち、社債とは企業の発行する債券、国債とは国の発行する債券を言います。債券の発行者は、債券と引き換えに資金を借り入れ、期日（満期）が来たら返済します。ですから債券には一般に満期があり、満期には額面で返済を受けるとともに、その間、何らかの形で利息が払われます[6]。

一方、株式の場合は配当が期待できるとともに、上場している株式ならば、市場で価格がつきますから、買ったときより値上がりすれば売却益を得ることができます。このように受取利息や受取配当、売却益を狙って金融資産を売買するのです。いくつか代表的な仕訳例を示しておきましょう。

---

[6] 利付債といって、別途利息を支払うものや、額面より低い金額で発行して額面金額との差額を利息とする割引債などがあります。

A社の株式100株を単価2,000円で購入し，代金を現金で支払った。

（借方）有価証券　　200,000　　（貸方）現金・預金　　200,000

上記のA社から，1株当たり5円の配当を受け，預金に入金した。

（借方）現金・預金　　　　500　　（貸方）受取配当金　　　　500

上記のA社の株式100株を単価2,200円で売却し，代金を預金に入金した。

（借方）現金・預金　　220,000　　（貸方）有価証券　　200,000 　　　　　　　　　　　　　　　　　　有価証券売却益　20,000

　ここで，有価証券という科目は，株式や社債などの金融資産を表す勘定科目で，貸借対照表の資産科目です。一方，受取配当金と有価証券売却益は損益計算書上の収益を表す科目です。3つ目の仕訳は，取得原価200,000円の有価証券を売却して（仕訳の貸方），220,000円の現金・預金が入金し（仕訳の借方），差額の20,000円が売却益という収益になった（仕訳の貸方）ことを示しています。

　この例のように，当期中に売却してしまえば，期末には有価証券という資産はなくなりますが，当期に売却しなかったとすれば，期末の貸借対照表に資産として載ることになります。そのとき，貸借対照表上の有価証券の評価額は，取得時の原価（上の例では，A社株式を購入したときの支出額である200,000円）のままでよいのか，が問題になります。なぜなら，有価証券の中には上場株式のように市場で価格が付いているものがあるからです。次にこの点について，項を改めて見ていくことにしましょう。

7　有価証券の評価損益

　有価証券の評価については，「金融商品に係る会計基準」の中で次のように定められています。まず，有価証券を保有目的等の観点から，①売買目的有価証券，②満期保有目的の債券，③子会社株式及び関連会社株式[7]，④それら

のいずれにも分類できない有価証券(その他有価証券)の4つに分類します。このうち、②満期保有目的の債券とは、満期まで保有することで利息と元本を受け取ることを目的としている社債等を意味します。最後まで保有して、額面で返済を受けるのですから、途中段階での時価の変動を考慮する必要はないものとされています。

また③子会社株式及び関連会社株式は、相手企業の支配または影響力の行使を目的に保有しているので、市場価格の変動を評価に反映させるべきではなく、貸借対照表上は取得原価で評価するものとされています[8]。④のその他有価証券は、子会社や関連会社の株式ではないけれども、売買目的でもないもの、ということになります。これは第3章の補論で紹介した株式の相互持合が典型です。今の基準では、そのような株式は貸借対照表上は時価で評価しますが、それに伴う評価損益は当期純利益に含めないことになっています。しかし、第3章の補論で記したとおり、IFRSでは包括利益に含まれることになります。

一方、①の売買目的有価証券の場合には、時価による自由な換金・決済等が可能ですから、日本の基準でも貸借対照表には期末時点での時価で計上し、帳簿価額との差である評価差額を損益計算書に計上することとしています。たとえば、さきほどの例で、単価2,000円のA社株式を100株購入し、売却する前に決算日を迎えたと仮定します。期末の時価が2,200円に値上がりしていたとすると、次のような仕訳をします。

(借方) 有 価 証 券　20,000	(貸方) 有価証券評価益　20,000

[7] 子会社とは、議決権の50%超を保有するか、50%以下であっても実質的に支配している企業を言い、また関連会社とは議決権の20%以上を保有するか、20%未満であっても、財務及び営業の方針決定に対して重要な影響を与えられる企業を言います。詳しくは第5章を参照してください。

[8] ここでの説明は、個別財務諸表の場合です。子会社、関連会社は連結決算の対象ですから、連結財務諸表の中では事業活動の成果が一体となって示されることになります。

この仕訳は，期末の決算にあたって，保有している有価証券の評価を修正するために追加的に行うので，決算整理仕訳の1つです。借方の有価証券勘定は貸借対照表の資産科目です。これは，有価証券の評価を20,000円（値上がり分200円×100株）上乗せすることを意味します。貸方は，資産価値が増加した理由を表しており，収益の勘定です。実際には売却していないのですが，時価が上がったということで，収益が生じたと考えるのです。

　逆に，時価が値下がりしたときは，評価損を計上します。たとえば，上記のA社株式が期末に1,900円に値下がりしていたとすると，次のような決算整理仕訳になります。

　　（借方）有価証券評価損　　10,000　　（貸方）有　価　証　券　　10,000

　貸方で有価証券の評価を10,000円減じるとともに，借方に費用として有価証券評価損を計上するのです。

5 連結財務諸表とは何か

　会社の規模が大きくなったり，新しい分野に進出したりするようになると，全部の仕事を1つの会社で行うのでなく，自社が出資して別の会社を設立したり，他の会社の株式を取得して自社の傘下におさめたりして事業を進めるケースが増えてきます。こうして自社を中心に複数の企業が集まった企業グループが生まれます。このとき，法律上はグループ内の各企業は別々の会社だとしても，経済的な実体としては相互に密接に影響しますので，グループ全体としての業績をきちんと把握することが重要になります。そのためにつくるのが連結財務諸表です。本章では，連結財務諸表とはどのようなものかを見ていくことにしましょう。

Points
- 議決権の過半数をもてば子会社
- 経済的な実体を重視する
- 個別財務諸表の合算＋重複の消去＝連結財務諸表

1　企業集団という考え方

　株式会社では株主総会で取締役などの経営陣を決めますから，議決権の過半数をもてば，その会社の経営を握ることができます。そこで，既存の会社の発行済みの株式を買い集めたり，株主総会での委任状を集めたりすることで議決権の過半数を取得して，その会社を支配しようとすることがあり，これを買収

と言います。自社にない技術やノウハウを手に入れたり，経営戦略を迅速に展開したりするために行われます。また，会社が出資して新たに別の会社をつくることもできます。たとえば，それまでとは異なる事業を新たに始めるときや，海外に進出するときなどに，今ある会社の1部門としてではなく，別会社をつくって行うことがよくあります。

　そのような行動の結果，自分の会社が他の会社の議決権の50％超を保有するか，50％以下であっても実質的に支配することになった場合に，その相手の会社のことを子会社と言います。子会社から見れば，自分の会社は親会社となります。親会社と子会社の間には資本関係（出資をしているという意味）がありますから，相手の業績が自社に跳ね返ってきますし，経営上連携することもあります。そこで，親会社を中心に，子会社も含めた企業の集まりのことを企業集団と呼びます。そして，企業集団全体をあたかも1つの企業であるように見立てて，その経営成績や財政状態を表すのが，連結財務諸表です。

　また，子会社ではないけれど，その会社の議決権の20％以上を保有するか，20％未満であっても，財務及び営業の方針決定に対して重要な影響を与えられる場合，その会社を関連会社と言います。関連会社は，完全に支配権が及ぶ子会社とは違いますが，20％以上も出資していれば，その事業の成否が自社にも影響してきます。そこで，連結財務諸表では関連会社の株式を評価するときに，「持分法」という方法を使うことで，関連会社の業績を反映させることにしています。

　なお，第3章の補論では，株式の相互持合による企業集団の考え方を紹介しました。相互持合は必ずしも子会社，関連会社というわけではありませんので，連結財務諸表をつくるときの企業集団とは異なります。広い意味ではどちらも企業集団ですが，両者は意味が違いますので注意してください。

2　連結財務諸表の種類

　連結財務諸表とは，具体的には以下の書類のことを言います。

- 連結貸借対照表

- 連結損益計算書
- 連結株主資本等変動計算書
- 連結キャッシュ・フロー計算書
- 連結附属明細表

　連結財務諸表に対して，個別企業ごとの財務諸表を「個別財務諸表」または「単独財務諸表」と言いますが，連結財務諸表の様式は，基本的には個別財務諸表と大きく変わりません。集計の範囲が企業集団全体に広がっているということです。

3　なぜ連結が重要なのか

　なぜ連結財務諸表を作成するのでしょうか。その基本的な理由は，子会社を含めた企業集団が実質的には１つの経済単位とみなされるからです。法的には別の会社になっていても，経済的な実体は１つの企業と考えるべきだということです。たとえば，それまで企業の一部門だった輸送部門や販売部門を，法律上，独立させて，別会社にしたり，新規事業を立ち上げるときに，子会社で行ったりすることがあります。このとき，法律上別会社だからといって，それらの業績を見なかったら，企業の本当の姿が見えてきません。

　ですから親会社の財務諸表だけ見ていたのでは，正しい評価ができないというわけです。一見，親会社の業績が好調なように見て，実は子会社に赤字がたまっているという場合も考えられます。はなはだしい場合には，売れ残った製品を子会社に売ったことにして，親会社の業績を良く見せるということさえ，考えられます。このような，子会社を使った粉飾決算は，今でも粉飾の定番なのですが，連結財務諸表をきちんとつくれば，その種の粉飾は意味をなさなくなるはずです。逆に，親会社の業績は苦しくても，子会社が儲かっているというケースもあるでしょう。

　ただし連結することで，かえって実態が見にくくなることもないわけではありません。たとえば全くの異業種を集めて企業グループができている場合です。連結損益計算書の売上高は異なる事業分野の売上高の合算になりますから，そ

の数字を見ても，よいのか悪いのかといった評価は困難です。その意味では，連結財務諸表と個別財務諸表をうまく使い分けて会社を評価することが重要です。

4 連結決算の仕方

連結財務諸表をつくることを連結決算と言います。連結決算では企業集団全体を1つの企業と考えるのですから，企業集団全体で1つの経理部をつくって，統一的な簿記をするという方法も，論理的には考えられますが，現実的ではありません。ある程度の大企業であれば，数十社から数百社に及ぶ子会社をもつこともありますし，海外子会社もあります。それらを1つの経理部で管理することは大変な労力ですし，そもそもそれでは，わざわざ別会社にして効率化を図っている意味がありません。

そこで，子会社はそれぞれ別々に決算をし，それらを後で合算するという方法をとります。その上で親子会社間，あるいは子会社間で重複する取引を消去するのです。連結決算の方法とは，合算と消去の手続だと言えます。

このように，言葉で説明するのは簡単ですが，それを実際に行おうとすると，かなり複雑です。まず，相殺して消去すべき取引や勘定とその金額や残高を確定しなければなりません。子会社の数が増えるほど，この作業は大変になります。しかも連結決算では，個別決算では出てこない「未実現利益」や「少数株主持分」などの新しい考え方が登場します。これらが連結決算の手続に大きく関わってきます。そこで未実現利益と少数株主持分について，次に項を改めて説明しましょう。

5 未実現利益とは何か

未実現利益とは，個別企業の時点では利益として計上していても，企業集団全体としてみると利益とは言えないもの，まだ利益になっていないものを意味します。このような未実現利益は，連結決算の手続の中で，消去しなければなりません。

たとえば親会社が子会社に製品を販売し，それが子会社側ではまだ売れずに，在庫になっているケースを考えてください。親会社の個別決算で考えると，製品は売れたのですから，売上が計上され，利益になっています。しかし，それが子会社から先に売られず，子会社に残っているとすると，企業集団全体で考えれば，売れたことになりません。単に在庫の置き場所が変わっただけですから，利益も生じないはずです。このとき親会社側で計上されていた利益は，実は未実現利益だったということです。親会社と子会社の財務諸表を単に合算すると，この未実現利益が利益に含まれてしまいますから，その分を差し引いて消去するのです。

【設　例】

　A社は，原価200円の製品を売値250円で，子会社のB社に販売し，B社はそれをさらに外部に販売している。期末に，B社にはA社から仕入れた製品100,000円分が在庫として残っていた。未実現利益はいくらか。

【解　説】

　　A社製品の売上に含まれる利益の比率：$(250-200)\div 250=0.2$（20％）

　　B社の在庫に含まれる未実現利益：$100,000\times 0.2=20,000$

　A社製品の販売価格には20％の利益が含まれていますから，B社の在庫100,000円の中にはA社の利益が20,000円分含まれていることになります。つまり，A社は原価80,000円のものをB社に100,000円で売って20,000円の利益を上げているわけです。しかしこれは，企業集団全体で見れば，在庫の置き場所がA社からB社に変わっただけですから，A社側で計上した20,000円は実際には生まれていない利益，つまり未実現利益です。そこで連結損益計算書では，この分の売上は消去し，利益も20,000円小さくなります。また連結貸借対照表では，純資産に含まれる利益から20,000円をマイナスすると同時に，借方の製品（在庫）の金額も20,000円減額して，未実現利益を含まない金額に修正します。

6 少数株主とは何か

　連結決算の対象が100％出資した子会社ばかりなら話は簡単ですが，50％超の議決権があれば子会社になりますから，51％だけ出資しているとか，70％出資というように，さまざまな出資比率の子会社があり得ます。このとき，子会社に対する自社以外の出資者のことを「少数株主」と言います。たとえば，次のような設例を仮定して，考えてみましょう。

【設　例】
　A社はB社の株式を70％保有している。
　A社の当期純利益は2億円，B社の当期純利益は1億円であった。
　A社の連結当期純利益はいくらか。ただし未実現利益はなかった。

【解　説】
　B社はA社の子会社です。図表5－1に示すように，A社とB社の企業集団には，親会社であるA社の株主と，B社に出資しているA社以外の株主がいることになります。このB社の株主が，A社の連結決算における少数株主です。少数株主も企業集団への出資者ですから，その出資分は，連結貸借対照表の貸方に少数株主持分として示されます（図表5－2）。

　それでは利益はどうなるでしょうか。たとえば，A社の当期純利益が2億円，B社が1億円で，未実現利益がなかったとすると，企業集団全体の利益は3億円です。しかしB社の利益のうち30％分は少数株主の取り分で，親会社であるA社の取り分は70％だけのはずです。そこで，連結損益計算書では少数株主利益3千万円を差し引いて，2億7千万円を連結当期純利益とするというのが現在の日本の会計基準の考え方です。

5 連結財務諸表とは何か

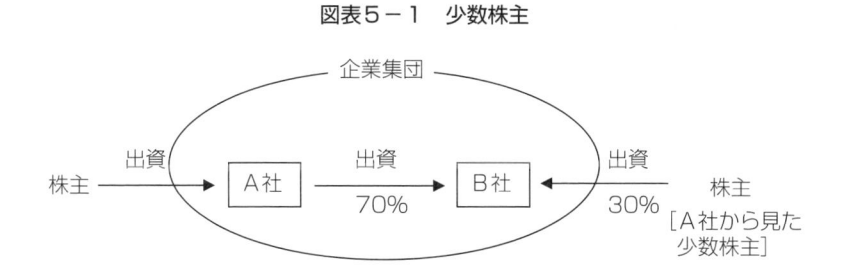

図表5-1　少数株主

```
                  企業集団
       出資            出資           出資
株主 ──→  A社  ─────→  B社  ←───── 株主
                  70%           30%    [A社から見た
                                        少数株主]
```

図表5-2　連結貸借対照表と少数株主持分

連結貸借対照表

資産	負債
	少数株主持分
	純資産

純資産 } 親会社（A社）株主の持分

7　持分法とは何か

　連結財務諸表では，関連会社の株式の評価に持分法という方法を使います。これは，関連会社が当期に計上した利益または損失のうち，自社の持分に対応する部分を企業集団としての損益に反映し，その分を連結貸借対照表の関連会社株式の評価にも上乗せ（または減額）する方法です。たとえば，A社がC社の株式のうち40％を期首に1億円で取得したと仮定します。C社の当期純利益が1千万円だったとすると，そのうち4百万円はA社に帰属するものです。そこで連結損益計算書で持分法利益4百万円を計上し，連結貸借対照表のC社株式の評価を1億4百万円に修正するのです。関連会社は子会社とは違うので資産や負債は連結しませんが，持分に応じた業績への影響はきちんと把握しようということです。

Column：会計の限界

　会計を専門にしていると，ついつい今の会計のルールを金科玉条のように思い込みがちです。けれども，今の会計が本当によいのか，ときどき立ち止まって考えてみることも必要かもしれません。たとえば売上高や利益など損益計算書が提供する数値は，どれも大きければ大きいほどよいと思われがちです。そのため，こういう指標が与えられると，目の前の目標を達成するという「目先の合理性」だけに邁進してしまうのです。会社が利益を追求するのは当り前，と思うかもしれませんが，その結果，気づかないうちに犠牲にしているものがないとも限りません。

　たとえば目先の利益を上げようと思うと，どうしてもコストの削減に目が向きます。すると，人件費を減らすために希望退職を募ったり，正社員を非正規社員（派遣や請負労働）に置き換えたり，ということをしがちです。それは，長い目でみると会社に蓄積されていた技術力を流出させ，従業員のやる気も削ぐ結果になりかねません。また製品の品質で手を抜いたり，環境保護に十分配慮しなかったりすれば，短期的にはコスト削減になるかもしれませんが，やがては会社の評判（Reputation）を落とし，市場での競争力を失うかもしれません。そういうことは，今の会計では表現できないのです。

　このことは，会計の説明力の低下として認識され始めています。「かつては財務諸表が企業価値の8割を説明していたが，今では企業価値の2割を説明するにすぎない」とも言われます。従業員の技術力やモチベーション（意欲），企業の評判やブランド・イメージなど，貸借対照表には計上できない「見えない資産」が将来の収益力を左右するというのです。そのため最近では，非財務情報（Extra Financial Information）の重要性が強調されるようになってきました。

　きっと，今の会計情報が私たちに偏ったメッセージを発信していないかどうか，ときどき見直してみることが大切なのでしょう。会計も万能ではないのですから。

演習問題

1. A社は，原価200円の商品を280円で販売しているが，期末の決算時に子会社のB社に，A社が販売した商品84,000円分の在庫があることがわかった。未実現利益はいくらか。
2. P社はS社の株式を80％，R社の株式を25％保有している。各社の当期純利益は，P社2億円，S社1億円，R社8,000万円であり，未実現利益はなかった。P社の連結当期純利益はいくらか。

補論　連結決算の方法

　本文で連結決算の方法を「合算と消去の手続」と説明しましたが，これだけでは，具体的なイメージがわかないのではないでしょうか。そこで，ごく簡単な設例を使って，連結決算の手続を見ておくことにしましょう。

【設　例】

　次の親会社（P社）と子会社（S社）の貸借対照表を基に，連結貸借対照表をつくりなさい。ただし，S社はP社の100％子会社であり，P社の有価証券はすべてS社株式である。またP社にはS社に対して売掛金400があり，S社の製品在庫には20の未実現利益が含まれている。

P社

現金	400	借入金	600
売掛金	1,200	買掛金	700
有価証券	400		
製品	500	資本金	2,800
固定資産	2,000	当期純利益	400
	4,500		4,500

S社

現金	200	借入金	700
売掛金	400	買掛金	400
製品	300	資本金	400
固定資産	700	当期純利益	100
	1,600		1,600

【解　説】

　まずP社とS社の貸借対照表を勘定科目ごとに，単純に合算します。その上で，重複を消去します。P社にS社に対する売掛金400があるということは，S社の買掛金400はすべてP社に対するものです。企業集団全体で考えれば，この売掛金と買掛金はないのと同じですから，消去します。またP社の有価証券は，S社の資本金になっている金額ですから，相互に消去します。さらにS社の在庫と当期純利益に含まれている未実現利益20を消去します。こうして次のような連結貸借対照表をつくることができます。

連結貸借対照表

現金	600	借入金	1,300
売掛金	1,200	買掛金	700
製品	780	資本金	2,800
固定資産	2,700	当期純利益	480
	5,280		5,280

6 キャッシュ・フロー計算書を知ろう

　キャッシュ・フロー計算書はB／S，P／Lと並ぶ財務諸表の1つです。日本で公表されるようになったのは2000年3月期決算からと最近ですが，キャッシュ・フロー計算書のもつ情報が重要だからこそ，開示されることになりました。そこで本章では，キャッシュ・フロー計算書とは何を表すのか，なぜ重要なのか等について説明します。さらに，キャッシュ・フロー計算書からどのような情報を読み取ればよいのかといった，キャッシュ・フロー計算書の見方についても解説します。

　また，2006年に会社法が施行され，新しく株主資本等変動計算書の作成が要求されています。その概要についても紹介します。

Points

- 「利益は意見，キャッシュは事実」
- 「営業活動によるCF」「投資活動によるCF」「財務活動によるCF」
- 資金繰りと黒字倒産

1　なぜキャッシュ・フロー計算書に着目するのか

　まずキャッシュ（cash）とは，何でしょうか。キャッシュは現金のことです。キャッシュ・フロー（cash flow）は，現金の流れを意味し，収入，支出を指します。厳密には，現金だけでなく一部の預金等も含め，これを現金及び現金

同等物と言います。企業におけるこのようなキャッシュの流れを示したものがキャッシュ・フロー計算書です。

では，なぜキャッシュ・フロー計算書が重要なのでしょうか。キャッシュ・フロー計算書の重要性は「利益は意見であり，キャッシュは事実である」と言われていることからもわかります。

会計上の利益は，減価償却や引当金など，さまざまな会計上の手続により計算されています。したがって，それらの計算方法や計算の前提となる仮定が変われば利益の金額も変化します。これが，「利益は意見である」と言われる理由です。これに対して，実際の現金の出入りは厳然たる事実なので，操作の余地がありません。長い歴史のある期間損益計算の重要性がなくなることはありませんが，キャッシュ・フロー計算書が損益計算書と異なる情報を与えてくれることは事実でしょう。現金の流れという観点から企業を分析することで，損益計算書の分析を補完することができます。

2　キャッシュ・フロー計算書の構造

図表6-1は，キャッシュ・フロー計算書の構造を簡略化したものです。キャッシュ・フロー計算書の基本的な構造は，1年間のキャッシュ・イン・フロー（収入）から，キャッシュ・アウト・フロー（支出）を差し引くことで，当期の現金及び現金同等物の増減額を計算し，最終的に期末残高を計算するものです。これを，キャッシュ・フローの性質に応じて，「営業活動によるキャッシュ・フロー」，「投資活動によるキャッシュ・フロー」，「財務活動によるキャッシュ・フロー」の3つに区分して表示します。これらのキャッシュ・フローを合計したものが「現金及び現金同等物の増減額」で，これに期首残高を加えて，期末残高を算出するという構造になっています。

6 キャッシュ・フロー計算書を知ろう

図表6-1 キャッシュ・フロー計算書の例

(単位:百万円)

Ⅰ　営業活動によるキャッシュ・フロー	
税金等調整前当期純利益	51,720
減価償却費	5,000
有価証券評価益	－600
売上債権の増加	－2,300
仕入債務の増加	1,800
棚卸資産の増加	－420
営業活動によるキャッシュ・フロー	55,200
Ⅱ　投資活動によるキャッシュ・フロー	
固定資産の取得による支出	－35,000
固定資産の売却による収入	4,800
有価証券の取得による支出	－12,400
有価証券の売却による収入	10,600
投資活動によるキャッシュ・フロー	－32,000
Ⅲ　財務活動によるキャッシュ・フロー	
長期借入金による収入	25,000
長期借入金の返済による支出	－42,200
配当金の支払額	－8,000
財務活動によるキャッシュ・フロー	－25,200
Ⅳ　現金及び現金同等物の増減額	－2,000
Ⅴ　現金及び現金同等物の期首残高	6,800
Ⅵ　現金及び現金同等物の期末残高	4,800

(1) 営業活動によるキャッシュ・フロー

「営業活動によるキャッシュ・フロー」とは，企業が主たる業務とする売上や仕入などの営業活動に伴うキャッシュ・フローです。この表示方法には，直接法と間接法の2つがあります。直接法とは，売上がいくら，仕入がいくら，と個々の項目ごとに実際のキャッシュ・フローを示す方法です。これに対して間接法とは，損益計算書上の税引前当期純利益を出発点として，会計上の収益や費用とキャッシュ・フローの違いを修正することで，当期のキャッシュ・フローを導く方法です。図表6-2に示すように間接法における修正項目は，①

キャッシュ・フローを伴わない費用・収益の項目と，②営業活動に関する資産・負債の増減項目に分けられます。たとえば，キャッシュ・フローを伴わない費用・収益の項目の1つに減価償却費があります。減価償却費は会計上の費用ですが，現金の支払い（キャッシュ・フロー）を伴いません。そこで，これを利益に加え戻します。また，営業活動に関する資産・負債の増減項目としては，売上債権があります。売り上げた代金がすぐにキャッシュで入るとは限らず，いったん売掛金などの売上債権となってから，期日に回収することもよくあります。この場合，仮に前期末に比べて当期末に売上債権が増加していたら，現金の未回収分が増えたと考えられます。そのため，損益計算書上の収益ほどには，キャッシュが入っていないことを意味するので，売上債権の増加分だけ，純利益から引きます。

日本の会計基準では直接法と間接法の選択適用が認められていますが，損益計算書とキャッシュ・フローの関連が明らかになるという長所もあり，多くの企業では間接法が使われています。

図表6－2　キャッシュ・フロー計算書の例
（営業活動によるキャッシュ・フロー部分）

（単位：百万円）

	Ⅰ　営業活動によるキャッシュ・フロー		
	税金等調整前当期純利益	51,720	
①CFを伴わない費用・収益	減価償却費	5,000	利益にはマイナスだが，現金はマイナスされない
	有価証券評価益	−600	利益にはプラスだが，現金はプラスされない
②営業活動に関する資産・負債の増減	売上債権の増加	−2,300	売上債権の増加がプラスだと，現金はマイナス
	仕入債務の増加	1,800	仕入債務の増加がプラスだと，現金はプラス
	棚卸資産の増加	−420	棚卸資産の増加がプラスだと，現金はマイナス
	営業活動によるキャッシュ・フロー	55,200	

（2） 投資活動によるキャッシュ・フロー

「投資活動によるキャッシュ・フロー」とは，固定資産の購入などの設備投資や，有価証券の売買などの金融資産投資に伴うキャッシュ・フローを意味します。同じ投資活動といっても，設備への投資と金融資産への投資では，意味が異なります。設備投資は，技術の高度化や生産の拡大に対応するなど，本業の充実に充てる資金です。金融資産投資は，子会社や関連会社などを対象にした事業関連の投資や純粋な余裕資金の運用が考えられます。

投資活動によるキャッシュ・フローは，項目ごとに収入額や支出額を表示します。

（3） 財務活動によるキャッシュ・フロー

「財務活動によるキャッシュ・フロー」とは，資金調達活動に関わるキャッシュ・フローです。資金調達の方法には，借入，社債の発行，新株の発行などさまざまな方法があり，その増減に関わるキャッシュ・フローをここに示します。なお，財務活動によるキャッシュ・フローも，項目ごとに収入額や支出額を表示します。

3 キャッシュ・フロー計算書の読み方

（1） プラスとマイナスの意味を考える

キャッシュ・フロー計算書を読むときには，まず，それぞれの区分のキャッシュ・フローのプラスとマイナスが何を意味するかを理解しておくことが重要です。営業活動によるキャッシュ・フローは，通常はプラスであることが望まれます。たとえば，損益計算書上で営業利益が出ていても，営業活動によるキャッシュ・フローがマイナスだとすると，利益にキャッシュが伴っていないことが考えられます。損益計算書上は売上が上がっていても，回収が遅れているとか，製品在庫が増えているといった可能性です。つまり営業活動によるキャッシュ・フローは，本業における利益とキャッシュの関係を明らかにしています。

投資活動によるキャッシュ・フローは，投資をしたときにマイナスになり，回収したときにプラスになります。したがって必ずしもキャッシュ・フローのマイナスが悪いとは限りませんので注意が必要です。たとえば，固定資産の取得はキャッシュ・フローのマイナスですが，それは設備投資をしたことを示すので，事業に対する積極的な姿勢とも考えられます。逆に，投資活動によるキャッシュ・フローのプラスは，設備や金融資産の売却を表します。

財務活動によるキャッシュ・フローは，資金を調達したときにプラスになり，返済したときにマイナスになります。したがって，ここでもプラスがよく，マイナスが悪いとは限りません。むしろマイナスであることは，財務体質の改善に向かっている可能性もあります。

（2） キャッシュ・フローを読み取ろう

キャッシュ・フロー計算書の基本的な性質を理解した上で，現金の流れという視点から，その企業の特徴をつかんでいきましょう。

図表6－3　タイプ別キャッシュ・フロー

	A社	B社	C社	D社
営業CF	－	－	＋	＋
投資CF	＋	－	－	－
財務CF	＋	＋	＋	－

図表6－3には，3つの活動区分別キャッシュ・フローの組み合わせ例をあげています。A社は，営業活動によりキャッシュを十分に獲得できず，設備や金融資産の売却による投資活動や借入などによる財務活動によるキャッシュで賄っていると考えられ，このままの状態が継続すると倒産の危険もあります。B社は新規参入企業に多いパターンで，営業活動と投資活動によるキャッシュのマイナスを財務活動によるキャッシュで賄っています。C社は発展段階にある企業に多いパターンで，営業活動や財務活動で得たキャッシュを投資活動にまわしています。D社は順調な営業活動により得られたキャッシュで，投資活

動や借入の返済などの財務活動を行っていると考えられます。

4 キャッシュ・フロー計算書の利用

このように、キャッシュ・フロー計算書は、企業の活動による現金の流れを見るものです。このような視点は、企業の経営者にとって重要となる資金繰りを見ることであり、ここから企業の安全性を読み取ることができます。

資金繰りが問題になる例として、黒字倒産があります。黒字倒産とは、損益計算書では利益が上がっているのに、倒産してしまうことです（倒産については、第7章を参照）。なぜそのようなことが起こるのでしょうか。

売上が上がれば収益が上がり、利益が計上されますが、実際には、この売上を現金で回収しなければ手許に現金が入りません。たとえば、取引先が倒産するなどの理由で売掛金が回収できなければ、手許に現金が入らず、仕入に対する支払いのための現金が不足し、結果的に倒産する可能性があります。これが黒字倒産です。そうならないように、企業は「資金繰表」などを使って入金と出金のタイミングを管理していますが、外部の利害関係者もキャッシュ・フロー計算書からこのような資金繰りの状況をある程度理解することができます。

その他、キャッシュ・フロー計算書は、最近の会計学においても重要性が高まっています。たとえば、企業価値の推定（第13章参照）や、会計発生高の推定など貸借対照表や損益計算書だけではできない分析にも用いられます。会計発生高（アクルーアル：accrual）とは、会計上の営業利益等と営業活動によるキャッシュ・フローとの差額として計算されるもので、会計上の計算によって実際のキャッシュ・フロー以上に生じた利益を示します。利益にキャッシュ・フローが伴っているかどうかを示すものですから、黒字倒産の説明とも重なりますが、会計発生高が大きすぎると「利益の質が低い」などと言われることもあります。

5 株主資本等変動計算書とは何か

キャッシュ・フロー計算書に続き、財務諸表に株主資本等変動計算書が加わ

りました。2006年の会社法の施行により，従来の利益処分計算書（もしくは損失処理計算書）に代わる計算書類（計算書類については，第1章の補論を参照）として作成されることになりました。これは，会社法により，株主総会以外でも配当が行えるようになったことで，純資産の部における資本金，剰余金等の変動の連続性を把握することが重要になったためです。

株主資本等変動計算書は，図表6－4のとおり，純資産の各項目を横に表示し，縦に純資産の変動する事項を並べて，各項目の期末残高を計算します（なお，純資産の項目を縦に並べる様式もあります）。

純資産の項目としては，株主資本，評価・換算差額等，新株予約権に分類し，株主資本は貸借対照表の表示と整合させることになっています。

変動する事項の例としては，次のようなものが考えられます。株主資本に対しては，当期純利益，株主への配当，新株の発行，自己株式の取得や償却，株主資本の各項目への振替などです。評価・換算差額等に対しては，その他有価証券評価の評価替えなど，新株予約権に対しては，新株予約権の発行や行使などがあります。

図表6－4　株主資本等変動計算書の例

	株主資本						評価・換算差額等	新株予約権	純資産合計
	資本金	資本準備金	利益準備金	その他の利益剰余金	自己株式	株主資本計			
前期末残高	500,000	75,000	110,000	125,000	△25,000	785,000	10,000	5,000	800,000
当期変動額									
剰余金の配当			1,000	△10,000 △1,000		△10,000			△10,000
自己株式取得					△15,000	△15,000			△15,000
当期純利益				100,000		100,000			100,000
当期変動額			1,000	89,000	△15,000	75,000			75,000
当期末残高	500,000	75,000	111,000	214,000	△40,000	935,000	10,000	5,000	950,000

演習問題

次の（Ⅰ）貸借対照表（一部），（Ⅱ）損益計算書により，間接法で，営業活動によるキャッシュ・フローまでのキャッシュ・フロー計算書を完成させなさい。

（Ⅰ）貸借対照表（一部）

	期首	期末		期首	期末
現　　　金	1200	1400	買　掛　金	480	600
売　掛　金	800	1200			
繰 越 商 品	600	720	当期純利益	640	800

（Ⅱ）損益計算書

売 上 原 価	8,000	売　上　高	12,000
給　　　料	2,000		
減 価 償 却 費	1,000		
当 期 純 利 益	1,000		
	12,000		12,000

7 貸借対照表を読もう
ー安全性の分析ー

第4章で，複式簿記による貸借対照表や損益計算書の作り方を学びました。しかし，財務諸表はつくることが目的ではなく，それを使って情報を伝えることが目的です。財務諸表を読みこなすには，そこに掲載されている数値をそのまま見るだけでなく，さまざまな数値を組み合わせて指標を計算するなどして，これを期間比較や企業間比較することが有効です。そのような分析のことを，経営分析あるいは財務諸表分析とも呼びます。そこで，第7章から第9章では財務諸表の見方を解説します。本章では，貸借対照表に注目していくことにしましょう。

Points

- 企業の倒産とは何か
- 貸借対照表で見る安全性の指標（自己資本比率，流動比率，固定比率）

1 倒産とは何か

(1) どうなったら倒産なのか

貸借対照表は，企業のある一定時点（決算日）の財政状態を見るものでした。企業は利益を上げることも必要ですが，それ以前に存続することが必須となります。企業が，存続できなくなる理由として，倒産があります。倒産を予測することは困難ですが，財務諸表を分析することで，企業の安全性について分析

することはできます。まず、倒産とは、どのような状態のことを指すかを確認しましょう。

損益計算書で、収益より費用が大きくなれば当期純損失となります。一般に「赤字」と言われる状況です。しかし赤字になったからといって、すぐに倒産するわけではありません。過去の利益の蓄積があれば、まずそれを減らすことになります。

過去の利益の蓄積をすべて使い果たし、なお赤字が続くと、やがて赤字が資本金と法定準備金を減らすことになります。法定準備金には資本準備金と利益準備金があります。大雑把にいえば、資本金と資本準備金は株主が払い込んだ資金、利益準備金は利益の中から、毎年一定額に達するまで積み立てることを義務付けられた資金です。つまり資本金と法定準備金は、会社法上維持すべき資金ですが、赤字が続けば、純資産の金額がそれを下回ることになります。その状態を「資本の欠損」[9]と呼ぶことがあり、株主の財産を減らしてしまった状態です。

さらに赤字が続くと、法定準備金、資本金の順で減らすことになります。するといつかは、株主の財産がすべて失われ、純資産がゼロまたはマイナスになります。貸借対照表上、資産と負債の差額が純資産なので、純資産がマイナスとは負債が資産を上回る状況で、これを「債務超過」と言います。この状態になると、現実的に企業を維持するのは難しくなります。

債務超過ということは、現在ある資産をすべて換金しても負債を完済できないということです。債権者は不安になり、早く回収しなければと思うでしょう。新たな取引をすることも難しくなります。こうして事実上、経営を続けることができなくなると、倒産です。実際には、資本の欠損から債務超過に至るどこかの時点で、倒産処理手続を始める決断をすることになります（なお、倒産手続の詳細については、補論を参照）。

---

[9] 法人税でも「欠損金」という言葉がありますが、これは当期の益金を損金が上回った状況、つまり赤字のことです。資本の欠損とは意味が異なります。

（2）事実上の倒産

　企業間の取引は、一般的に掛け取引（信用取引）で行われます。その決済は、銀行送金によるものも増えていますが、手形決済もまだ多いようです（手形については第３章を参照）。手形の決済は、手形に書かれている決済日に、銀行の口座から引き落とすことで行われます。そのとき口座の残高が足りなければ、決済できません。これを手形の「不渡り」と言います。不渡りを出したあとに、決済することはできますが、６か月以内に２度目の不渡りを出すと、銀行取引停止という処分を受けることになっています。

　銀行取引停止になると、日常的な決済業務ができず、融資も受けられないので、実質的に経営を続けることが難しくなります。当然のことながら信用も低下し、いずれは倒産処理手続に入らざるを得なくなります。そこでこのような状況を「事実上の倒産」と言います。

　たとえば、Ａ社が手形の不渡りを出すと、取引相手のＢ社は手形の決済ができなくなるので、今度はそのＢ社の資金繰りが悪化します。Ｂ社が、Ａ社からの手形代金の入金を予定して、資金計画を立てていたとすると、Ｂ社も不渡りを出すことになりかねません。すると今度は、Ｂ社の取引先のＣ社が、手形代金の回収ができなくなり、資金繰りの悪化に見舞われます。こうして、ある企業の倒産が次々に他社に波及していくことを、「連鎖倒産」と言います。不況の時期には、こうした連鎖倒産が起こりやすくなります。

２　自己資本比率

　企業の存続を考えると、債務超過になることは避けなければならず、資金調達に占める負債の比率が大きくなりすぎると危険です。そこで資金調達の状況を表している貸借対照表の貸方（負債及び純資産の部）に注目してみましょう。

図表７－１　純資産の分類

```
            ┌ 資本金
    純資産 ┤ 資本剰余金(資本準備金,そのほかの資本剰余金)
            └ 利益剰余金(利益準備金,そのほかの利益剰余金)
```

貸方のうち，純資産の部には株主が拠出した資本と，これまでの利益の蓄積が含まれます。企業を株主のものと考えると，利益の蓄積も最終的には株主に帰属するので，純資産の部はすべて企業の持ち主である株主の資本ということになります。そこでこれを，別名「自己資本」または「株主資本」などと呼びます。

これに対して負債は，返済しなければならない資金なので，自己資本とは性質が違います。しかしある一時点をとってみれば，負債として調達したお金も，企業の経営に使うことのできる元手（つまり資本）の一種だとも言えます。そこで，負債のことを株主以外の人から預かった資本という意味で「他人資本」と呼ぶことがあります。そして，自己資本と他人資本の合計を「総資本」と言います。総資本の額は，Ｂ／Ｓの借方の資産の部の合計，つまり，総資産の額と一致します。

この総資本に対する自己資本の比率を計算すれば，その企業の資金調達の安全性がわかります。自己資本の比率が大きければ，安全性が高いということです。そこで総資本に占める自己資本の比率を自己資本比率と言い，企業の安全性を評価する指標として用います。

自己資本比率は高いほど安全と考えられますが，絶対的な基準はありません。業種の特性によっても，適正な自己資本比率[10]の水準は違ってくるので，同業他社と比較して，自社の水準を判断しなければなりません。

$$自己資本比率(\%) = \frac{自己資本}{総資本} \times 100$$

---

[10] たとえば基準の1つとして，国際的な金融業務を行う銀行については，自己資本比率8％以上を維持するよう求めたＢＩＳ（Bank for International Settlements）規制がありました。ただし，現在のＢＩＳ規制の内容は変化しています。

【設例A】

次の貸借対照表から自己資本比率を計算しなさい。

貸借対照表

流動資産		流動負債	
現金・預金	158,000	短期借入金	165,000
売掛金	187,000	買掛金	55,000
有価証券	30,000	支払手形	100,000
製品	25,000		
流動資産合計	400,000	**流動負債合計**	320,000
固定資産		固定負債	
建物	121,000	長期借入金	75,000
機械設備	97,000	社債	95,000
土地	82,000	**固定負債合計**	170,000
		負債合計	490,000
固定資産合計	300,000	**純資産**	210,000
資産合計	700,000	**負債・純資産合計**	700,000

【解　説】

$$自己資本比率 = \frac{210,000}{700,000} \times 100 = 30\%$$

3　流動比率

　債務超過にならなくても，6か月以内に2回の不渡りを出せば事実上の倒産となるので，短期的な支払能力を評価することも重要です。そのリスクを評価する方法はいろいろ考えられますが，その1つに流動比率という指標があります。これは，流動資産と流動負債の比率です。

　第3章で説明したとおり，貸借対照表上の資産は流動資産と固定資産に分けられます。流動資産とは1年以内に現金化できる資産，または売上債権や製品，原材料など，正常な営業循環の中にある資産を言い，固定資産とは1年以上資金が固定化される資産です。

　同じように負債も流動負債と固定負債に分けられます。流動負債は1年以内

に支払期限が到来する負債，固定負債は支払期限が1年超の負債です。1年以内に支払期限の到来する負債に対して，十分な支払資金があれば安心です。そこで，流動資産によって流動負債がどの程度カバーされているのかを見るのが，流動比率です。

$$流動比率(\%) = \frac{流動資産}{流動負債} \times 100$$

流動比率は，一般に，大きいほど短期的な支払能力があることを示します。ただし，これにも業種特性があるので，一律に何パーセント以上が望ましいとは言えません。たとえば，流動比率は100％以上ならば安全であると言われることもありますが，業種によっては100％未満が常に危険とは限りません。たとえば電力会社では，毎月，電力料という形でキャッシュ・フローが得られ，また鉄道会社でも，日々，乗車券の販売によりキャッシュ・フローが得られるので，期末時点の流動資産が少なくても，ただちに危険とは言えません。

【設例B】
　設例Aの貸借対照表から，流動比率を計算しなさい。
【解　説】

$$流動比率 = \frac{400,000}{320,000} \times 100 = 125\%$$

4　固定比率

　流動資産ではなく固定資産が大きいことは，支払能力の面で不安を生みます。いかに価値のある資産でも，固定資産はただちに債務の支払いには充てられないからです。たとえば自己資本比率が高ければ，一見，安全に見ますが，固定資産の額が自己資本の額を超えている場合には，その超えている部分は負債で賄っていることになります。負債はいつか返済しなければなりませんから，自己資本に比べて固定資産が大きければ，問題となります。そこで，固定資産が自己資本によってどの程度賄われているのかという比率を固定比率と言います。固定比率は自己資本の何パーセントに当たる資金が固定化されているのかを示

すので，比率の小さい方が，相対的に安全性が高いと言えます。

　負債には，支払期限が１年超の固定負債もあるので，必ずしも自己資本だけで固定資産を賄う必要はありません。したがって固定比率が100％以上だからといって，あわてる必要はありませんが，資金の固定化にはリスクがあることも認識しておくべきです。

$$固定比率(\%) = \frac{固定資産}{自己資本} \times 100$$

【設例C】

設例Aの貸借対照表から，固定比率を計算しなさい。

【解　説】

$$固定比率 = \frac{300,000}{210,000} \times 100 = 142.86\%$$

Column：数字だけではわからないこと

　本章で述べたことは，経営分析と呼ばれる分野の，ほんの入り口です。この本の目的は企業と会計に関わる事項を短期間に幅広く紹介することですので，ここでは代表的な指標だけを簡単に紹介しました。詳しくは専門の講義またはテキストを参考にしてください。ここで１つ注意するとすれば，数字だけではわからないこともある，ということです。

　たとえば企業の雰囲気，働く人の意欲，経営者の姿勢やビジョンなどは，数字には現れません。プロのアナリストやファンド・マネージャーと呼ばれる人たちは，実際に企業を訪問することで，その実情をつかんでいるようです。工場は整理が行き届いているか，挨拶がきちんとされているか，経営者は自分の言葉で話す内容を持っているかなど，さまざまな点から，その企業の本質が読み取れます。それに数字の裏付けが伴っているかどうか，と考えるのです。

　企業外部からの情報も重要です。その企業の事業は何か問題を引き起こしたり，どこかから批判を受けたりしていないか，石油や石炭を大量に使うビジネス・モデルが今後も通用するのか，食糧を大量に輸入することを前提にしたビジネス・モデ

ルで大丈夫かなど,さまざまな観点から企業の将来性を考えます。そのような評価が本当にできるようになるためには,評価者自身にも,将来の社会に対する見通しやビジョンがなければならないでしょう。

　こう考えると,まだまだ学ぶべきことは多そうだ,と思いませんか。

演習問題

1　次の貸借対照表を用いて,自己資本比率,流動比率,固定比率を計算しなさい。ただし単位は％とし,割り切れない場合は四捨五入して小数点以下第1位まで求めること。

貸借対照表

(単位：百万円)

資産の部			負債の部		
Ⅰ　流動資産			Ⅰ　流動負債		
現金及び預金		4,800	支払手形		180,250
受取手形		22,200	買掛金		201,000
売掛金		280,000	短期借入金		50,000
製品		38,000	**流動負債合計**		431,250
流動資産合計		345,000	Ⅱ　固定負債		
			社債		58,000
			長期借入金		30,750
			固定負債合計		88,750
Ⅱ　固定資産			**負債合計**		520,000
建物		180,000	純資産の部		
機械装置		75,000	Ⅰ　資本金		160,000
土地		200,000	Ⅱ　資本剰余金		80,000
			Ⅲ　利益剰余金		40,000
固定資産合計		455,000	**純資産合計**		280,000
資産合計		800,000	**負債・純資産合計**		800,000

補論　倒産処理の手続

　企業が経済的に破たんして，債務を弁済できなくなり，経済活動をそのまま続けられなくったら，倒産です。倒産の処理には，法律に基づく法的倒産処理手続と，法律に基づかない私的整理の２つがあります。法的倒産処理手続とは，特定の法律に基づいて，裁判所の監督の下で行われる倒産処理手続のことをいい，さらに再建型と清算型に分けることができます。

　再建型の処理とは，債務の減免や支払期限の猶予などを行った上で，今ある財産を基礎に収益を上げて，企業の経済的再生を目指す手続です。これには，会社更生法に基づく更生手続と，民事再生法に基づく再生手続があります。

　一方，清算型の処理は，企業の財産を換金し，債権者にできる限り弁済して，最終的に企業を解散する手続です。こちらは，企業の存続や再建を予定していない，という特徴があり，破産法に基づく破産手続と，会社法上の特別清算の手続があります。

　これに対して私的整理とは，特定の法律に基づかず，企業と債権者で協議し，当事者間での合意に基づいて財産関係を処理するものです。裁判所などの関与がないので，自由度は大きいものの，当事者を拘束する手段がないので，合意に至らないと，うまくいかないこともあります。

図表7-2 倒産処理手続

根拠法令	種類	内容
会社更生法	更生手続	裁判所の監督の下に,裁判所が選任した更生管財人を中心として債権者や株主その他の利害関係人の利害を調整し,株式会社の事業の維持更生を図ることを目的とする手続。
民事再生法	再生手続	債権者の多数の同意を得て,かつ裁判所の認可を得た再生計画を定めること等により,事業または経済生活の再生を図ることを目的とする手続。
破産法	破産手続	裁判所が選任した破産管財人が,支払不能または債務超過の状態にあるものの財産を清算することを目的にする手続。
会社法	特別清算	会社法上の解散により清算手続に入った株式会社について,清算の遂行に著しい支障をきたす事情や,債務超過の疑いがある場合に,清算人が裁判所の監督の下で清算を行う手続。
-	私的整理	法的な処理によらず,債権者と債務者が任意に協議し,当事者間の合意に基づいて財産関係を処理すること。

8 損益計算書を読もう

　第7章では貸借対照表の見方について，いくつかの指標を紹介しました。本章では損益計算書に注目します。損益計算書は1年間の経営成績を明らかにする書類です。日本の損益計算書の特徴は，売上高から始まって，何段階にも分けて種々の利益を計算することです。そこで，売上高や各利益がそれぞれ何を意味するのかを知ることが，損益計算書を読みこなす第一歩となります。さらに，経営分析指標の1つである売上高利益率を紹介し，連結財務諸表の見方についても説明します。

Points

- 5つの利益（売上総利益，営業利益，経常利益，税引前当期純利益，当期利益）
- 損益計算書で見る収益性の指標（売上高利益率）
- 経営分析指標は企業間比較と期間比較で見る
- 連単倍率で親会社，子会社の関係を見る

1　売上と利益から何を読み取るか

(1)　売上高が意味するもの

　損益計算書の最初の行に表示されるのは売上高です。これは，1年間に企業が商品や製品の販売やサービスの提供により得た収益です。企業の主たる収益である売上高から対応する費用を差し引いて利益を計算します。つまり売上高

は利益の源泉と言えます。

　また，売上高を同業他社と比べることで，その企業の市場での競争力がわかります。業界全体の売上高に対する自社の売上高の割合のことをシェアと呼びますが，シェアが大きいということは，それだけ自社の製品やサービスが顧客から支持されていると言ってもいいでしょう。

　シェアが大きいということは，同業他社に比べて，それだけコスト負担能力が高い，ということでもあります。たとえば広告宣伝費や研究開発費は，売上高が大きいほど，多額の支出が可能となります。そして広告宣伝費や研究開発費が多額になれば，それだけ競争上も有利になるのが一般的です。

　したがって売上高が大きいということは，企業にとって重要なことです。企業が売上高競争やシェア争いを繰り広げるのには，このような理由があるのです。

（２）　売上総利益とは何か

　一方で，売上高だけが大きければいいとは言えず，それ以上に費用が大きくなれば，利益は減ってしまいます。そのため，売上高が大きいだけでなく，利益もしっかりと生み出せているのかが重要となります。そこで，利益の計算について説明します。

　まず，売上高から売上原価を引くと，売上総利益となります。売上原価とは，売り上げた製品や商品の原価です。日本の損益計算書では，売上原価の計算方法がわかるように記載するのが一般的です。具体的には次のように計算します。

> 売上原価＝期首製品棚卸高＋当期製品製造原価－期末製品棚卸高

　期首製品棚卸高は，期首の在庫を示しています。当期製品製造原価は，当期に製品をつくるのにいくらの原価（原価についての詳細な説明は第10章を参照）がかかったかを表しています。その合計が当期に販売できる製品の総額で，そこから期末製品棚卸高，つまり期末に残っている在庫の金額を引いた差額が，当期に売れた製品の原価だと考えます。

8 損益計算書を読もう

図表8-1　損益計算書の例
（単位：百万円）

売上高			1,116,000
売上原価			
	期首製品棚卸高	9,800	
	当期製品製造原価	815,000	
	期末製品棚卸高	9,700	815,100
売上総利益			300,900
販売費及び一般管理費			
	販売手数料	76,000	
	広告宣伝費	33,000	
	運搬費	17,000	
	貸倒引当金繰入額	100	
	従業員給料・賞与	27,800	
	退職給付費用	3,000	
	減価償却費	5,000	
	その他	60,000	221,900
営業利益			79,000
営業外収益			
	受取利息・配当金	1,300	
	有価証券売却益	600	1,900
営業外費用			
	支払利息	1,200	
	有価証券売却損	1,500	2,700
経常利益			78,200
特別利益			
	固定資産売却益	520	520
特別損失			
	関係会社整理損失	27,000	27,000
税引前当期純利益			51,720
法人税等			24,500
当期純利益			27,220

売　上　高：モノの販売，サービス提供の代価。企業の収益の中心
売 上 原 価：売り上げた製品等の製造・仕入にかかったコスト
売上総利益：モノの販売から直接得られる利益。粗利（あらり）とも言う
1,116,000 −（9,800 + 815,000 − 9,700）
販　売　費：販売に関わる費用。たとえば広告費や輸送費，営業マンの人件費など
一般管理費：販売費以外の一般的な経費。たとえば本社の管理部門の人件費など
営 業 利 益：販売活動も含めて本業で得られた利益
300,900 − 221,900
営業外収益：本業以外の収益。金融収益など
営業外費用：支払利息などの資金調達に関わる費用。資金運用で被った損失など
経 常 利 益：金融損益も含めた企業全体としての本来の収益力を示す利益
79,000 + 1,900 − 2,700
特 別 利 益：その年度だけの臨時的・巨額の利益
特 別 損 失：その年度だけの臨時的・巨額の損失
税引前当期純利益：法人税を差し引く前の当期の最終的な利益。
78,200 + 520 − 27,000
法 人 税 等：企業の所得に対して課される税金
当期純利益：法人税を差し引いた当期の最終的な利益
51,720 − 24,500

売上高から売上原価を引いた売上総利益は，販売から直接得られる利益を表し，粗利（あらり）とも呼ばれます。この粗利から人件費やその他の経費を支払っていって，なお残りがあれば株主の利益になります。

（3） 営業利益とは何か

売上総利益から販売費及び一般管理費を引いた差額を営業利益と呼び，これは本業からの利益を表します。販売費とは，販売にかかる費用のことで，営業部門の人件費のほか，広告宣伝費や販売手数料，輸送費などが含まれます。一般管理費とは，販売以外にかかる本社の費用などで，経理部門や法務部門など本社の従業員の人件費や光熱費などが考えられます。それらがなければ営業活動はできませんので，ここまでが本業を行うのに不可欠の費用ということになります。営業利益が大きいということは本業で利益が出ているということなので，その企業の本業の力を測る上で注目すべき利益と言えます。

（4） 経常利益とは何か

営業利益は本業の利益でしたが，利益の計算はこれだけでは終わりません。図表8-1を見てください。営業利益に営業外収益を加え，営業外費用を引くことで，経常利益を計算します。営業外収益とは，本業以外の収益で，受取利息や受取配当，あるいは株式の売却収入などの金融収益が中心となります。

一方，営業外費用とは，本業以外の費用で，主として資金調達に関わる費用です。銀行から資金を借り入れた場合の支払利息などです。また，株式の売却損なども，営業外費用に含めます。

このようにして計算された経常利益は，資金運用も含めたその企業の本来の収益力を示すと言えます。通常の経営活動において平均的に得られるであろう利益という意味で，「経常利益」と呼んでいます。

（5） 当期純利益とは何か

特別利益と特別損失は，その年度だけの臨時的で巨額の特別損益を意味し，たとえば工場の売却や火災による焼失などにより発生する項目です。経常利益にそれらを加減したものが税引前当期純利益で，そこから法人税等を引いて当期純利益を計算します。法人税とは，企業の所得に課される国の税金で，2011年時点で日本の法人税率は30％となっています。さらに法人税を基礎として都道府県や市町村などが課す住民税などがかかります。これらを合わせた日本の法定実効税率[11]（実質的な税率）は，2011年時点でおよそ40％程度です。もっとも，試験研究費の税額控除などさまざまな減税措置もあるので，実質的な税率は見かけほど高くないという意見もあります。最終的に当期純利益が，株主にとっての当期の確定利益となります。

② 損益計算書をどう読むか

（1） 売上高利益率の計算

損益計算書を見るときに，たとえば売上高と利益を比較してみると，1,000の売上高から10の利益が出ているのと，100の売上高から10の利益が出ているのでは，その意味が異なります。そこで，売上高利益率という指標を計算します。これは，売上高1単位当たり，どのくらいの利益を獲得できるのかを示す指標です。

$$売上高利益率 = \frac{利益}{売上高} \times 100 (\%)$$

前述のように，利益にはいくつかの段階があるので，分子にどの利益を用いるかによって具体的な計算は違ってきます。たとえば分子の利益として営業利益を使えば，次のようになります。

---

[11] 実効税率は，法人税率，住民税率，事業税率を単純に合算したものではありません。住民税額は，法人税額から計算されること，事業税は，損金算入が認められることなどを加味して計算されます。

$$\text{売上高営業利益率} = \frac{\text{営業利益}}{\text{売上高}} \times 100 (\%)$$

この比率は売上高に対する営業利益の比率で,売上高営業利益率と呼ばれ,売上高から営業利益を生み出す効率を表しています。

【設例A】

図表8－1の損益計算書に基づいて売上高営業利益率と売上高当期純利益率を計算しなさい。

【解　説】

$$\text{売上高営業利益率} = \frac{79,000}{1,116,000} \times 100 = 7.1\%$$

$$\text{売上高当期純利益率} = \frac{27,220}{1,116,000} \times 100 = 2.4\%$$

(2)　企業間比較と期間比較

これらの指標について判断するときには,同業他社との比較も重要です。事業には業種特性があるので,売上高利益率の値だけでは,その善し悪しが判断できません。同業他社と比べてみることで,より妥当な評価ができるのです。たとえば商社とメーカーとでは,売上高営業利益率の業界の平均的な水準が大きく違うので,そのことを考慮して分析する必要があります。

さらに自社の数値を期間比較するために時系列で見ることも重要です。同じ1兆円の売上高でも,毎年売上が伸びてきた結果としての1兆円と,毎年下がってきた結果の1兆円とでは,評価が違ってくるはずです。売上高利益率にしても,過去からの趨勢に注意することが大切です。

企業の1つの目的は利益を上げることなので,経営者の立場からすれば,損益計算書をつくるだけでは意味がありません。大切なのは,どうやってその結果をよくするのかという方法論です。利益とは収益(売上高)から費用を引いたものなので,まずはしっかりと売上を上げなければなりません。ライバル企業と競争しつつ,社会のニーズにあった製品を提供し続けるために,経営戦略

やマーケティングが必要になってきます。

　一方，同じ売上高なら費用を減らすことで利益は増えますが，ここで難しいのが，費用は収益と結び付いているという点です。広告宣伝や研究開発など，売上高の維持向上に必要な費用を安易に減らせば，売上高も一緒に減ってしまいかねません。そこで，いかに売上高を確保しつつ，費用を減らせるか，つまり企業の効率を高めることができるかが課題となります。これを考えるのは，経営管理や管理会計などの分野の役割です。

3　連結財務諸表をどう読むか

　連結財務諸表からは，企業集団全体の経営成績と財政状態を読み取ることができます。企業集団全体を実質的には1つの企業だと考えると，連結貸借対照表や連結損益計算書も，基本的には，通常の貸借対照表や損益計算書と同じように読むことができます。ただし，業種の異なる企業の数字が集まっているということに注意する必要があります。たとえば，業種の特性によって売上高利益率などの平均的な水準は異なるので，連結決算全体で売上高利益率を計算しても，意味のある数字にはならないかもしれません。そこで，どのような企業が連結子会社として含まれているのか，企業集団の概要をつかむことが重要です。

　また連結決算の数字を，親会社の単独決算の数字と比較して読むと，いろいろなことが見えてきます。たとえば単独決算に比べて連結決算の資産が2倍になっているとすれば，子会社全体で親会社と同程度の資産規模があることがわかります。次に利益を見たときに，連結決算が単独決算と比べてそれほど増えていなければ，子会社は資産規模ほどには利益に貢献していないということになります。このように，親会社の単独決算の数値と，企業集団全体の連結決算の数値の比率のことを連単倍率と言います。このような分析を行うには，連結決算の仕組みをよく理解しておくことが必要になります。

演習問題

1 次の表は，同業種に属するA社とB社の売上高，営業利益の推移である。売上高営業利益率の推移から，両社の特徴について述べなさい。

(単位：億円)

		01年	02年	03年	04年
A 社	売 上 高	1,500	1,400	1,200	1,000
	営 業 利 益	200	180	160	130
B 社	売 上 高	800	820	810	815
	営 業 利 益	120	122	124	126

9 B/SとP/Lを結びつけて読もう
－収益性分析－

　第7章，第8章では，貸借対照表と損益計算書の見方について解説してきました。しかしこれらは個々にではなく，両者を関連づけて見ることで，さまざまな分析を行うことができます。本章では，貸借対照表と損益計算書から財務数値を取り出し，企業の収益性を分析する方法について解説します。

Points
- 貸借対照表と損益計算書の関連から見る収益性の指標（ROE，ROA）
- 総資本利益率（ROA）の分解
- レバレッジ効果は利益率を高めるが，リスクも高める

1 資本利益率とは何か
（1） 資本利益率の基本形

　企業の収益性とは，利益を獲得する能力を意味します。損益計算書を見て，売上高や利益が大きければ，それだけ収益性が高いように思われますが，企業規模が大きければ，当然，売上高や利益も大きくなります。そこで規模の要因を調整して評価する指標が必要になります。

　規模の要因を調整するためには，たとえば従業員数で割って，1人当たり売上高や1人当たり利益を計算する方法が考えられます。それと並んで重要なのが，資本を基礎にした分析です。企業活動とは，資本を調達して利益を獲得す

る活動なので，調達した資本1単位当たり，どれだけの利益を獲得したのかが，収益性を評価する際の基本的な指標になります。これを資本利益率と言い，損益計算書で計算された利益を，貸借対照表上の資本で割れば計算することができます。資本利益率はパーセントで表し，次のように計算されます。

$$資本利益率(\%) = \frac{利益}{資本} \times 100$$

（2） 自己資本利益率（ROE）

資本利益率は，分母にどの資本を用いるか，また分子の利益として何を使うかによって，目的に応じた分析を行うことができます。まず，株主の立場からは，株主の出した資本がいかに効率的に運用され，利益を上げているかが気になるでしょう。そこで，分母に株主資本を用いて，資本利益率を計算します。

純資産の部が，株主の拠出した資本とその後の利益の蓄積を表し，株主資本または自己資本と呼ばれます。この自己資本を分母にした資本利益率を自己資本利益率または株主資本利益率（Return on Equity：ROE）と呼びます。このとき，分子の利益には，当期純利益こそが最終的に株主に帰属すると考え，当期純利益を使うことが多いようです。

経営者が株主から預かった資本を活用して最大限の利益を上げることを重要と考えるのであれば，ROEは経営者の業績を評価する基本的な指標になります。実際，経営目標として一定のROEの達成を掲げるケースもあります。

$$自己資本利益率(ROE)(\%) = \frac{当期純利益}{自己資本^{(12)}} \times 100$$

---

[12] 分子の当期純利益は1年間でのものですが，分母の自己資本は，本書では，簡易的に期末の額としています。しかし，期中に増資などで自己資本の額が変動することもあります。そこで分母を，当期中の平均的な自己資本額の近似値という意味で，（期首自己資本＋期末自己資本）÷2 として計算することもあります。次に説明するROAの場合も同様です。

(3) 総資本利益率（ROA）

次に，株主資本に限定せず，企業の総資本からどれだけ利益を上げているのかを見てみましょう。貸借対照表の貸方で，自己資本以外の部分である負債を，株主以外から預かった資本と考え他人資本と呼びます。自己資本と他人資本を合わせたものが総資本です。

この総資本を分母にして，総資本に対する利益の割合を計算したものが総資本利益率（Return on Assets：ROA）です。これは，資本の調達先に関わらず，企業が集めたすべての資本を使って，いかに利益を獲得したのかを表します。したがって，企業の活動の全体的な収益性を表すと考えられます。

総資本と対比すべき利益が何かは難しい問題ですが，総資本が生み出したすべての利益を対応させると考え，経常利益を使うことも多いようです[13]。つまり，その年度だけの臨時的な損益である特別利益や特別損失は反映させないという考え方です。

$$総資本利益率（ROA）（\%）＝\frac{経常利益}{総資本}×100$$

【設例A】

次の貸借対照表と損益計算書から，ROEとROAを計算しなさい。

貸借対照表

資産の部	負債の部 （他人資本） 600万円
	純資産の部 （自己資本） 400万円

損益計算書

売上高	800万円
売上原価	500万円
販売費・管理費	248万円
支払利息	12万円
経常利益	40万円
当期純利益	40万円

---

[13] 厳密に考えると，経常利益は支払利息などの資本調達コストを差し引いた後の金額なので，他人資本に対して利益を配分した後の金額になります。そこで，経常利益に支払利息や社債利息などを加え戻した事業利益をROAの計算の分子に使うという考え方もあります。

【解　説】

$$ROE = \frac{40万円}{400万円} \times 100 = 10\%$$

$$ROA = \frac{40万円}{1,000万円} \times 100 = 4\%$$

2　資本利益率の分解

　資本利益率を高めるにはどうしたらいいのでしょうか。たとえば同業他社に比べて資本利益率が低い場合，その低い理由がわかれば，対策もしやすくなります。そこで資本利益率をいくつかの要素に分解して，分析する方法を紹介します。

　まず，ROAを次のように分解します。総資本利益率の分母と分子に売上高をかけることで，2つの分数の掛け算に直します。

$$\frac{利益}{総資本} = \frac{利益}{売上高} \times \frac{売上高}{総資本}$$

　このとき，（利益／売上高）は，第8章で説明した売上高利益率です。一方，（売上高／総資本）のことを資本回転率と言います。たとえば総資本500万円の企業が，年間売上高1,000万円を上げたら，資本回転率は2回転です。回転率とは，1年間に資本が何回転したかを示す指標です。資本として調達した資金を使って製品を生産し，販売して，代金を回収する，これで1回転です。これを1年間に2回繰り返せば，資本の2倍の売上高が上がるというわけです。言い換えれば，資本が少なくても，それを製品にして販売して回収するというサイクルを1年間に何回も繰り返せば，多くの利益につながります。

　以上のことから，総資本利益率は次のように表せます。

総資本利益率(%)＝売上高利益率(%)×総資本回転率(回転)

　このように分解してみれば，自社の問題点が売上高利益率にあるのか，資本回転率にあるのかがわかります。もし同業他社に比べて売上高利益率が低いの

であれば、同じ売上からより多くの利益が上がるよう、コスト削減に取り組む必要があります。一方、資本回転率が低いのであれば、同じ売上高を上げるのに、資本を使いすぎているのです。資本の回転がどこかで滞っているのではないでしょうか。たとえば製品になってから売れるまでの在庫の期間が長すぎるのかもしれません。売掛金の回収期間が長すぎる可能性もあります。売上高の何か月分が在庫や売掛金として残っているのかを見ると、問題点が見えてきます。

また、資本利益率を分解してみることで、企業の特性が見えてくることもあります。たとえば、薄利多売を特徴とする企業があります。この場合、商品1個当たりの利益率は低いため、売上高利益率は低くなりますが、多くの商品を販売することで、資本回転率を上げ、総資本利益率を上げているのです。

3 レバレッジ効果

ROEは、ROAを使って次のように分解することもできます。

$$\frac{利益}{自己資本} = \frac{利益}{総資本} \times \frac{総資本}{自己資本}$$

$$ROE = ROA \times 財務レバレッジ^{(14)}$$

(総資本／自己資本) は、総資本が自己資本の何倍あるかを示す指標で、財務レバレッジと呼ばれます。レバレッジとは、「てこ」の意味です。

【設例B】

次の貸借対照表と損益計算書から、ROAとROEとを計算しなさい。

貸借対照表	
資産の部	負債の部 (他人資本) 800万円
	純資産の部 (自己資本) 200万円

損益計算書	
売上高	800万円
売上原価	500万円
販売費・管理費	248万円
支払利息	16万円
経常利益	36万円
当期純利益	36万円

---

(14) ここではROEとROAの分子に同じ利益を使っていることに注意。

【解　説】

$$ROA = \frac{36万円}{1,000万円} \times 100 = 3.6\%$$

$$財務レバレッジ = \frac{800万円 + 200万円}{200万円} = 5$$

$$ROE = \frac{36万円}{200万円} \times 100 = 3.6\% \times 5 = 18\%$$

なお，設例Aでは，以下のとおりです。

$$ROA = \frac{40万円}{1,000万円} \times 100 = 4\%$$

$$財務レバレッジ = \frac{600万円 + 400万円}{400万円} = 2.5$$

$$ROE = \frac{40万円}{400万円} \times 100 = 4\% \times 2.5 = 10\%$$

設例Bは，設例Aとは資本構成，つまり負債と自己資本の比率が変わっています。設例Bでは負債の比率が高まり，財務レバレッジは2.5から5へ上昇しましたが，総資本の金額は変わりません。損益計算書では，売上高，売上原価，販売費・管理費は設例Aと同じですが，負債が増えたために，支払利息は増えています。負債の利率は一律2％として計算しています。その結果，設例Aと比べて経常利益が小さくなり，ROAも支払利息の影響で0.4ポイント（4％→3.6％）下がりましたが，ROEは8ポイント（10％→18％）も上がっています。このことについて詳しく見ていきましょう。

分母の自己資本が小さくなったので，ROEが上がるのは当然のように思えます。しかし自己資本が減った分，負債が増えています。そのため支払利息が増加し，利益は減ってしまいます。それでもROEが上昇するのは，支払利息の利率よりも，事業の利益率の方が高いからです。この設例では，支払利息を支払う前の利益は，52万円（36万円＋16万円）で，総資本は1,000万円なので，事業の利益率は5.2％となります。これに対して支払利息は2％なので，負債

を借りて,この事業に投下すれば,差し引き3.2%の利益が残ることになります。それゆえ,負債の比率を増やせば増やすほど,ROEは大きくなります。

小さな力を大きく増幅するのが「てこの効果」ですが,設例では,負債を増やすことで,小さな事業の利益率(5.2%)を大きなROE(18%)へと増幅させているので,これを負債のレバレッジ効果と呼んでいます。レバレッジ効果は,利率の低い負債を利用して,ROEを増幅させます。しかし,返済の必要がある負債の比率を高めると,それだけ負債のリスクも高まることを忘れてはいけません。レバレッジ効果は,ROEを高める一方で,負債のリスクも高めてしまいます。

Column:ROEによる評価の限界

日本では一時期,ROEが経営者の業績評価指標として,注目を集めました。株主から預かった資本をできるだけ効率的に運用して利益を上げる,という観点からは,たしかにふさわしい指標のようにも思えます。しかしROEにも問題はあります。たとえば本文でも示したように,ROEにはレバレッジ効果が働きますから,負債の比率を高めるとROEも大きくなります。しかし危険度も高まりますから,必ずしも株主にとってプラスにはなりません。

またROEは現在のB/S,P/Lを基に計算しますから,短期的な視点になりがちです。たとえば長期的な観点から研究開発や新鋭設備などに投資しても,短期的には費用が増えたり,資本金額が増えたりして,ROEを下げかねません。

ROEは有用な指標ですが,ROEだけで評価することには限界があるのです。ROEに限らず,1つの指標ですべてを評価することはできないと考えるべきでしょう。企業の評価や分析に万能薬は存在しないのです。

演習問題

次ページの貸借対照表と損益計算書を基に，次の問いに答えなさい。

1. ＲＯＥ，ＲＯＡ，売上高経常利益率，総資本回転率を計算しなさい。ただし，ＲＯＥの分子は（税引後）当期純利益を，ＲＯＡの分子は経常利益を用いること。

2. 経費の節減により，現在より，売上高経常利益率が20％改善したら（現在の1.2倍になったら），ＲＯＡはどうなるか。

3. 増資により資本金が120,000百万円増えてその分社債を全額返済し，支払利息が現在の半額になったら，ＲＯＥはどう変化するか。

9 B／SとP／Lを結びつけて読もう－収益性分析

損益計算書

(単位：百万円)

売上高		1,116,000
売上原価		
期首製品棚卸高	9,800	
当期製品製造原価	815,000	
期末製品棚卸高	9,700	815,100
売上総利益		300,900
販売費及び一般管理費		
販売手数料	76,000	
広告宣伝費	33,000	
運搬費	17,000	
貸倒引当金繰入額	100	
従業員給料・賞与	27,800	
退職給付費用	3,000	
減価償却費	5,000	
その他	60,000	221,900
営業利益		79,000
営業外収益		
受取利息・配当金	1,300	
有価証券売却益	600	1,900
営業外費用		
支払利息	1,200	
有価証券売却損	1,500	2,700
経常利益		78,200
特別利益		
固定資産売却益	520	520
特別損失		
関係会社整理損失	27,000	27,000
税引前当期純利益		51,720
法人税等		24,500
当期純利益		27,220

貸借対照表

(単位:百万円)

資産の部			負債の部		
Ⅰ 流動資産			Ⅰ 流動負債		
現金及び預金		4,800	支払手形		20,000
受取手形	7,000		買掛金		60,000
売掛金	250,000		短期借入金		120,000
貸倒引当金	−12,000	245,000	その他流動負債		223,000
製品		9,800	流動負債合計		423,000
原材料		21,000	Ⅱ 固定負債		
その他		65,000	社債		120,000
流動資産合計		345,600	長期借入金		89,000
Ⅱ 固定資産			固定負債合計		209,000
1 有形固定資産			負債合計		632,000
建物	248,000				
減価償却累計額	−102,000	146,000	純資産の部		
機械・装置	430,000		Ⅰ 資本金		183,000
減価償却累計額	−245,000	185,000	Ⅱ 資本剰余金		120,000
土地		178,000	Ⅲ 利益剰余金		64,100
有形固定資産合計		509,000	純資産合計		367,100
2 無形固定資産					
特許権		5,700			
ソフトウエア		6,800			
無形固定資産合計		12,500			
3 投資その他の資産					
投資有価証券		54,000			
長期貸付金		78,000			
投資その他の資産合計		132,000			
固定資産合計		653,500			
資産合計		999,100	負債・純資産合計		999,100

補論　ROEとROAの関係

本文では，財務レバレッジを用いて次のような式を示しました。

$$ROE = ROA \times 財務レバレッジ$$

財務レバレッジは自己資本に対する総資本の割合なので，負債がゼロのとき，レバレッジは1になります。負債が増えればレバレッジは上がりますから，レバレッジの数値は常に1以上です。それだと，上の式を見る限り，ROEは常にROAより大きい，ということになりますが，本当でしょうか。

実は，上の式は，ROEとROAの分子に同じ利益を使うことで成り立つものです。実際，特別利益や特別損失がなく，法人税を無視すれば，経常利益と当期純利益は同じになります。ただし，経常利益は支払利息などを差し引いたあとの金額ですから，他人資本に対して利益を配分したあとの金額ということになり，ROAの計算として厳密とは言えません。より厳密に，利息などの支払い前の利益，つまり［経常利益＋支払利息］を分子にしてROAを計算すると，ROEとROAの関係は違ったものになります。そのことを確認しておきましょう。

［本業が好調のケース］

貸借対照表

資産の部	負債の部 （他人資本） 600万円
	純資産の部 （自己資本） 400万円

損益計算書

売上高	800万円
売上原価	500万円
販売費・管理費	248万円
支払利息	12万円
経常利益	40万円
当期純利益	40万円

このケースでは，

経常利益＋支払利息＝40万円＋12万円＝52万円

$$ROA = \frac{52万円}{1,000万円} \times 100 = 5.2\%$$

$$ROE = \frac{40万円}{400万円} \times 100 = 10\%$$

となり，ROE＞ROAが成り立っています。これは，負債の利子率が2％なのに対して，本業の利益率（ROA）が5.2％と高いので，少しでも負債を利用すればその分プラスのレバレッジ効果が働くからです。

しかし，契約上の負債の利子率は短期間ではそれほど変動しませんが，事業の利益率は好不況の影響で大きく変化する可能性があります。次の例は，不況で業績が悪化したケースです。安売りをすることで全体としての売上高は確保したがコストが上がってしまった，あるいは原材料価格の高騰でコストが上がってしまった，というケースを想定しています。

[本業が不調のケース]

貸借対照表

資産の部	負債の部 （他人資本） 600万円
	純資産の部 （自己資本） 400万円

損益計算書

売上高	800万円
売上原価	530万円
販売費・管理費	255万円
支払利息	12万円
経常利益	3万円
当期純利益	3万円

このケースでは，

経常利益＋支払利息＝3万円＋12万円＝15万円

$$ROA = \frac{15万円}{1,000万円} \times 100 = 1.5\%$$

$$ROE = \frac{3万円}{400万円} \times 100 = 0.75\%$$

となり，ROE＜ROAとなっています。負債の利子率は2％なのに，本業の利益率が1.5％しかないのですから，負債を借りて事業を行うほど，株主の利益は減っていってしまうわけです。レバレッジ効果がマイナスに働くのはこういう場合です。そしてその場合には，ROEはROAより小さくなるのです。

10 製品の原価を管理しよう

損益計算書の1行目（トップライン）つまり計算の始まりは売上高なので，企業の経営において，いかに売上を上げるかということはとても大切なことです。しかし，同じ1,000円の売上でも，それにかかった原価が400円の場合と，800円の場合では利益は大きく異なります。このことからもわかるように原価の把握と管理は売上の追求に劣らず重要です。そこで本章では，原価の計算方法と管理手法について説明します。

Points

- 原価計算の計算手続
- 3つの原価要素（材料費，労務費，経費）
- 設計段階から原価を下げる

1 原価計算とは何か

原価は英語では cost ですが，日本語でコストと言われるときのニュアンスとは少し違うようです。原価は，その製品をつくるのにかかったお金のことを言います。ここでのお金とは，現金ではなく，貨幣価値のことを指しています。この原価の計算をする手続が，原価計算です。原価計算には，さまざまな目的がありますが，主に次のとおりです。1つは，原価管理目的で，その製品をつくるのに無駄なく適切な原価であったかどうかを管理するという目的です。もう1つは，販売価格決定目的です。製品の販売価格が原価を上回らなければ，

売れば売るほど赤字が出てしまいます。適切な販売価格を決めるためには、その製品の原価を正しく把握する必要があります。また、その他にも、財務諸表を作成するためなどの目的もあります[15]。

本章では、原価計算の中でも、財務諸表の作成にも使われる実際原価計算と呼ばれる計算方法について説明し、また最近、注目を浴びている原価企画についても説明します。

2 製品の原価を計算する

(1) 実際に原価を計算してみよう

商品を仕入れて販売する場合（商業）には、商品の原価は仕入価格に付随費用を加えたものなので、原価を把握するのは比較的容易です。これに対して、自社で素材や部品等を加工し製品を生産する製造業の場合には、その製品の原価がいくらであるのかは計算してみないとわかりません。簡単な設例で考えてみましょう。

【設例A】
材料費（部品・原材料など）　　200万円
工場で働く人の人件費　　　　　400万円
工場で使う電力料　　　　　　　100万円
機械（耐用年数4年、残存価格ゼロ、定額法）　400万円で購入

これらをすべて当期（1年間）に現金で支出した。当期に8万個の製品を生産し、そのうちの6万個を販売価格120円で販売した場合、当期の製造原価と利益はいくらになるか。

【解　説】
機械の耐用年数は4年なので、1年当たりの減価償却費を計上します。
① 機械の1年間の減価償却費[16]：(400万円 − 0円) ÷ 4年 = 100万円

---

[15] 原価計算には、「異なる目的には異なる原価を」という言葉があり、さまざまな原価の概念とその異なる計算方法があります。

[16] 減価償却費の計算については、第4章の補論を参照してください。

当期の製造にかかる原価は，材料費，人件費，電力料，減価償却費を合計した金額です。

② 当期の製造原価

材料費200万円＋人件費400万円＋電力料100万円＋減価償却費100万円
＝800万円

1年間に8万個の生産をしているため，製品1個当たりの製造原価は次のように計算できます。

③ 1個当たり製造原価：800万円÷8万個＝100円／個

図表10－1　損益計算書

売上高		720万円
売上原価		
当期製品製造原価	800万円	
期末製品棚卸高	200万円	600万円
売上総利益		120万円

当期に生産した8万個のうち，実際に売れたのは6万個なので，売り上げた製品の原価である売上原価は600万円，期末製品在庫が200万円です。したがって，図表10－1のように売上総利益は720万円－600万円＝120万円です。ここからさらに販売費及び一般管理費を引いて営業利益を計算します。

このように，実際に製造にかかったものを集計することで製品の原価を計算する方法を「実際原価計算」と言います。こうして原価を計算することで，正しい売上原価や期末在庫の原価を認識することができ，売上総利益の金額が把握できます。つまり，実際原価計算は，損益計算書をつくるのに必要です。

（2）　直接費と間接費

製品の製造原価は，材料費，労務費，経費の3つの要素からなります。製品の基になる原材料や部品の費用のことを原価計算では材料費と言い，人件費のことを労務費と呼びます。また，電力料や減価償却費などが経費です。

さらに，これらの材料費，労務費，経費は，図表10－2のように，それぞ

れ直接費と間接費に分けることができます。これは特定の製品に直接的に関連するかどうかで区分します。実際の企業では，1つの工場で複数の製品をつくっているのが一般的です。たとえば，1つの工場で製品A，Bをつくっているとき，製品A，Bの材料費が，製品AとBにそれぞれいくらかかっているかは，簡単に判別がつきます。設計図を見れば，製品Aにどの材料がどれだけ使われているかがわかり，その金額を計算することができるでしょう。これが直接材料費です。一方，製品を加工するための製造用機械の潤滑油やドリルの替え刃などは，材料費といっても，両方の製品に共通に関わります。そのための費用は間接材料費となります。

労務費についても，それぞれの製品をつくるのに直接関わっている作業者の給与などは直接労務費となり，工場全体の管理者などの給与は間接労務費になります。

工場の建物の減価償却費や工場全体の光熱費などは，生産するのに必要なもので製造原価であることに間違いありませんが，特定の製品と直接関連させることができません。つまりどの製品のためにいくらかかっているのかが，わかりません。このように経費の多くは間接費になります。図表10－2に示すとおり，間接材料費，間接労務費，間接経費を総称して，製造間接費と言います。

間接費は何らかの基準で各製品に割り振る必要があります。たとえば，機械には減価償却費が発生し，両製品A，Bの製造にこの機械をともに使っているとします。では，減価償却費はどちらがどの程度負担したらよいのでしょうか。たとえば，その機械で製品A，Bの作業がそれぞれ何時間ずつであったのかを記録し，その時間数で減価償却費を按分し，負担することで，これを製品A，Bそれぞれの原価とします。これを間接費の配賦と言います。

図表10－2　製造原価の分類

	直接費	間接費	
材料費	直接材料費	間接材料費	製造間接費
労務費	直接労務費	間接労務費	
経　費	直接経費	間接経費	

(3) さまざまな原価計算方法

製品の生産プロセスは、船舶や飛行機のように注文に応じて生産する受注生産や、お菓子などのように同じものを大量につくる連続生産など製品ごとにさまざまです。そのそれぞれに応じて、具体的な原価計算の方法が考案されています。また、生産プロセスが、まず素材を加工して部品をつくり、次に部品を組み立てて製品をつくる、というように何段階にも分かれているケースがあります。このときの各段階のことを「工程」と言い、この工程ごとに在庫がある場合には、工程別に原価計算をする必要があります。このようにさまざまな生産形態を加味すると原価計算はとても複雑になりますが、詳しいことは原価計算の専門のテキスト等を参照してください。

3 製品の価格はどう決めるのか

設例Aでは、製品の販売単価が120円でした。これは、1個当たり製造原価100円に20％の利益を上乗せすると考えて設定したものです。原価に一定の利益を上乗せして売ることで、原価を回収して利益を出すのです。しかも、この上乗せ分によって販売費及び一般管理費も回収しなければなりません。このように製品の価格は、売上によって原価を回収し、利益が出るように設定する必要があります。製品原価の計算は、そのような適切な価格設定をするための基礎となる情報です。原価が正しく計算されていなければ、適切に価格設定をすることはできず、また、いくらまでなら値引きをしていいのかもわからないでしょう。

ただし、1個当たり100円という製造原価は、年産8万個という生産量を前提にしていることに注意してください。設例Aでは、実際に売れたのは6万個で、2万個は在庫になっています。今後、毎年販売量が拡大し、今年の在庫2万個も来年の販売で吸収できるのであれば問題ありません。しかし来年も6万個しか売れないのであれば、毎年2万個ずつ在庫が増えてしまいます。それでは、製造原価100円を基礎に120円という価格設定をしても、実際には原価を回収できません。もし6万個が現実的な販売量だとすれば、生産量を減らして原

価を再計算してみる必要があります。生産量を減らせば，材料費や電力料が減るかもしれませんが，すでに買ってしまった機械の減価償却費は変わりません。人件費（労務費）をどうするかは難問ですが，すぐに人員縮小や賃金カットはしない，つまり人件費も当面は変化しないと仮定すると，設例Aは次のように修正できます。

【設例B】

材料費　　150万円 $\left(200万円 \times \dfrac{6万個}{8万個}\right)$

人件費　　400万円

電力料　　75万円 $\left(100万円 \times \dfrac{6万個}{8万個}\right)$

機械（耐用年数4年，残存価格ゼロ，定額法）　400万円
当期の製品生産量　6万個
製品製造原価はいくらになるか。

【解　説】

このとき，製造原価は，次のように計算できます。

　材料費150万円＋労務費400万円＋電力料75万円＋減価償却費100万円
　＝725万円

さらに，生産量は6万個のため，1個当たり製造原価は，次のようになります。

　725万円÷6万個＝120.83円

生産量が減ったため，材料費や電力料はそれに応じて減少し，その結果，全体の製造原価も設例Aよりも減らすことができました。しかし，生産量が少ないので，製品1個当たりの製造原価は設例Aより上がっています。このとき製品を単価120円で売ったのでは利益は出ないことがわかります。仮に，この原価に20％の利益を上乗せすると，販売価格は144円になります。

しかし販売価格が120円だった製品を144円にすると，「値上げ」になるので，その価格でも6万個売れるのかが問題になります。通常，需要関数を考えると，

図表10-3のように価格を上げれば、販売数量は減るという関係にあります。ただし、価格の上昇に対して需要量がどのくらい敏感に反応して減るかは、その製品の性質にもよります。たとえば必需品であれば、多少価格が上がっても、需要はそれほど減らないかもしれません。このように、企業が必ずしも一方的に価格を決めるわけではなく、価格は市場で決まるという側面もあります。そこで企業は、需要の予測やライバル企業の動向などさまざまな要因と自社の製造原価とを踏まえて、価格を決定するのです。

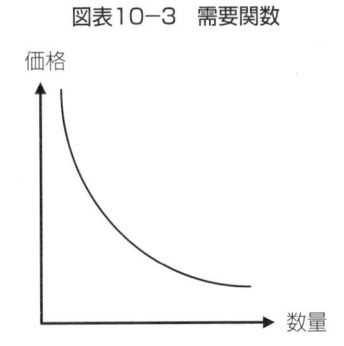

図表10-3 需要関数

4 どうすれば原価を下げられるのか
(1) 原価低減の落とし穴

　当然のことながら、同じ売上高であれば原価の低い方が儲かります。そこで、企業は、なるべく原価を下げようと努力しますが、その方法は簡単ではありません。まず原価の構成要素である労務費や材料費を下げることが考えられますが、それには弊害もあります。たとえば材料費の仕入単価を下げるために、安い原材料を仕入れれば、製品の品質が下がるかもしれません。また、労務費を下げるために、賃金カットをすれば、従業員のモチベーション（意欲）が下がる危険があります。賃金の高い正社員を派遣社員などに置き換えれば、一時的に原価は下がるかもしれませんが、肝心の現場の技術力を失うことも考えられ、長期的には、製品の品質が下がるおそれがあります。

　このように原価の削減だけに目を奪われると、企業の評判を落とし、ブラン

ド・イメージを傷つけてしまい，売上高が縮小しかねません。安易な原価低減には，思わぬ落とし穴があるのです。

　これは設備投資においても同様です。機械や設備には耐用年数があるので，耐用年数が来るまでの間は，毎年一定の減価償却費が発生します。しかし，会計上の耐用年数が過ぎたからといって，設備がすぐに使えなくなるとは限らず，実際にはその後も古い設備を使うことがあります。すでに減価償却の終わった設備なので，減価償却費が発生せず，目先の製造原価を低くできます。しかし，古い設備は，故障も多くなり，性能が落ちて，不良品率も高くなりがちで，生産効率が下がります。同業他社が次々に新設備を導入すれば，技術面でも後れをとることになりかねません。目先の原価低減を優先して投資を怠るのは，得策とは言えない場合が多いのです。

（2）　歩留まり管理

　製造現場に隠れている無駄に着目すれば，製品の品質を落とさず，むしろ品質を高めながら，原価を減らせるかもしれません。

　たとえば100の原材料を投入して，100の製品ができるということはなく，一定の失敗や不良品が出ることは避けられません。このとき，投入した原材料に対して良品である製品になる割合のことを「歩留まり」と言います。歩留まりの低下の原因には，機械の稼働開始から定常状態になるまでの「ならし運転」の間は品質が安定しないなど，いろいろなケースが考えられますが，工具の不注意などによっても発生します。逆に歩留まりを高めることができれば，不良品を減らし，原価の低減にも役立ちます。

（3）　設計段階で原価をつくりこむ

　生産現場の無駄をなくすことは重要なことですが，日本の生産現場では，これまで無駄を徹底的に排除してきており，すでに生産性がとても高いため，現場でできる原価低減には限界があります。そこで，一層の原価低減を目指すために，製品の設計段階に目を向けることが考えられます。通常の製品は消費者

の手に渡るまでに，企画，市場調査，設計，試作などのさまざまな段階を経て量産体制に入りますが，製品原価のかなりの部分は設計段階で決まってしまいます。そこで，逆に，設計段階から目標とする原価水準を設定し，その原価を実現できるように仕様などを決め，設計を行っていきます。原価低減のために，製造現場でなく，企画段階から考えるという発想で，このような方法は，原価企画と呼ばれます。

このように，実際原価の計算以外にも，さまざまな原価管理の方法があります。

> ### Column：原価は低ければいいのか
>
> 　企業の立場からすれば，原価は低い方がいいに決まっている，というのが常識ですが，目先の原価低減ばかりを優先することの落とし穴については，本文でも触れました。今度は，社会全体の立場から考えてみましょう。原価が低ければ，それだけ価格も下げられるので消費者にもメリットがある，というのが常識的な説明かもしれません。しかし本当にそれだけでしょうか。
>
> 　たとえば熱帯雨林などの天然林は多様な生物種の宝庫ですが，誰かが育てたりしなくても，もとからそこにあるので，ただ伐採するだけで安価な木材になります。しかも現地では人件費も安いので，とても日本の国内林業など太刀打ちできない低価格になります。しかしこれは，植林された森よりも天然林の方が価値が低いから，原価が低くなるわけではありません。自然が何千年もかけて育てた森なのに，そのコストを誰も払わないから，安く見えるのです。私たちは，その安い方を選ぶことで，海外の天然林と国内林業の両方を同時に失ってしまうのです。
>
> 　コストがあまりにも低いとき，本来かけるべきコストをきちんとかけているのか，ということを見直してみるべきかもしれません。企業は競争しているのだから仕方がない，という意見もあることでしょう。しかし，過剰な広告宣伝などにコストを投じることでつくられたブランド・イメージに対しては喜んで対価を払う人が多いのも事実です。それ自体はおかしな話のようにも思えますが，ここには重要な示唆が含まれています。コストをかけても，それを上回る大きな売り上げで回収できれ

ばいい，ということです。

　市場で競合他社といかに競争するかという基本方針のことを「競争戦略」と言うのですが，この競争戦略の基本類型はコスト・リーダーシップと差別化です。前者は他社以上のコスト削減を実現することで競争上の優位に立とうする戦略ですが，後者は逆に，コスト以外の側面で違いを生み出すことで競争上の優位性を獲得する戦略です。もちろん，何の策もなく，コストだけが増えたのでは競争に勝てませんが，コストが低ければいいとも限らない，というわけです。

演習問題

① 次の資料から製品Aと製品Bの原価を計算しなさい。ただし間接費は一括して生産数量の比率で按分するものとする。

	製品A	製品B
原 材 料 費	600万円	800万円
人 件 費	800万円	800万円
電 力 料	間接費・90万円	
機械・設備	間接費・耐用年数4年・残存価額ゼロ・定額法・1,200万円	
生 産 数 量	12万個（年産）	24万個（年産）

補論　標準原価計算とは何か

　本文では，原価計算の基本として実際原価計算について説明しました。実際原価は，事実としてかかった原価を表します。しかし一定期間経過後に，結果としてかかった原価を把握するだけでは，より良い経営を行うために会計数値を十分活用しているとは言えません。そこで，「生産は能率的に行われたのか」，「無駄なコストは発生しなかったのか」といったことを管理する手法として，標準原価計算という方法が開発されています。

これは、製品ごとに事前に標準となる原価（Standard cost：業績評価の基準として想定されるコスト）を設定しておき、実際の生産が行われる際に、実際原価と標準原価を比較して管理するという方法です。ここで簡単に、標準原価計算の概要を紹介しましょう。なお、詳細については専門のテキスト等を参照してください。

1　標準原価の設定

標準原価計算を行う場合、まず製品ごとに標準原価を設定する必要があります。標準原価の計算は、直接材料費、直接労務費、製造間接費などのそれぞれについて標準を設定することで行います。たとえば直接材料費については、製品ごとに過去の資料の分析、試作、技術的分析などの方法によって標準消費量を設定します。一方、各材料の最近の購入価格や今後の契約価格に基づいて標準価格を設定し、これらを基に直接材料費標準を決定します。

直接労務費については、正常な状態での作業時間の計測や過去の経験に基づいて標準作業時間を算定し、標準賃率（その業務に従事する従業員の平均的な時間当たり賃金）をかけることで直接労務費標準とします。製造間接費は多くの異なる費目からなるので難しいのですが、標準的な間接費発生額を各製品部門の基準となる操業度等で配分することで標準を決定します。これらを合計することで製品ごとの標準原価が決まります。

2　実際原価の算定と差異の分析

標準原価は、あくまでも標準的な原価発生額としてあらかじめ見積もったものであって、実際にそうなるとは限りません。工場の現場では、思わぬ作業ミスや機械の故障など、さまざまなトラブルも起こり得ますし、従業員の士気が落ちてくれば作業能率が下がる可能性もあります。そこで実際の生産に対応して実際原価を計算し、標準原価との差異の分析をします。これを原価差異分析と言います。

原価差異の分析では、差異は材料費から生じたのか、労務費から生じたのか、

もし材料費から生じたのであれば，材料消費量に問題があったのか，材料価格の変動のせいなのか，といったことを分析していきます。この方法は複雑なので，本書ではこれ以上の説明は省略します。興味のある方は専門のテキスト等を参照してください。

11 利益を生み出す売上高を知ろう
－損益分岐点分析－

世の中の好不況によって,売上は増えることもあれば,減ることもあります。そのとき,利益を生みやすい構造になっているか,赤字になりにくい体質であるかといったことが,企業経営にとって重要になります。このようなことを分析するには,費用を固定費と変動費に分けてみることが必要です。そこで固定費と変動費という視点から企業を見ていく方法について説明します。

Points

- すべての原価を固定費と変動費に分ける
- 利益と損失の分岐点となる売上高を求める
- 損益分岐点の分析から企業の特徴を知る

1 管理会計とは

会計領域は,大きく財務会計と管理会計に分かれています。財務会計は,一定の基準に従い財務諸表をつくり,利害関係者に公表することを目的としています。この財務会計では,広く一般に対して情報を提供するため,すべての企業で同じルールを用いて財務諸表の作成を行わなければなりません。同じルールでなければ,同業他社と会計数値を比較することができないからです。一方,管理会計では,経営者の意思決定に必要となる会計情報を提供することを目的としています。財務会計とは違って,管理会計で考えるときには自社の経営者がその情報を利用するので,他社と同じルールを使う必要はありません。むし

ろ，他社より少しでも有利に企業経営を行っていくためには，さまざまな分析や情報の利用が必要となるはずです。このように管理会計は，会計情報をさまざまに分析することで，その情報を自社の経営者に提供し，意思決定に活かすものであると言えます。

会計情報を有効に活用するために，数学やコンピュータの利用などによってさまざまな手法や手段を用い，そして企業の分析をすることが要求されます。第10章で述べた原価計算の中の製品価格の決定や原価の管理も管理会計の一部です。この章では，管理会計の中でも，ポピュラーな手法である損益分岐点分析を，そして12章では，設備投資問題に関する説明をしていきます。

2 利益計画と直接原価計算

企業の経営者は，計画を立て，その計画に沿うように全体を管理し経営を行い，そしてその結果を計画と比較することで，経営が順調かどうかを判断します。これを経営のサイクルと呼び，計画（Plan），実行（Do），チェック（Check），改善（Act）を繰り返していくので，P－D－C－Aサイクルとも言われます。

経営者が立てる計画の中でも重要なものの1つに，予算の編成があります。来年1年間（もしくは数年間）の活動を計画し，その計画が実行されたとして得られる会計情報をまとめることで，1年後（もしくは数年間）の財務諸表を作成します。このように，計画通りに活動した場合，どれぐらいの売上が上がり，またどのぐらいの費用がかかるのか，また目標とする利益が上げられるかといった検討を行い，来年度の計画を立てるのが予算編成です。

予算編成を行う場合，いくら売上があれば，利益がいくら上がるのかという情報が重要になります。ところが，第10章で説明した原価計算の方法では，必ずしもそのために役立つ情報が得られません。個々の製品に直接結び付かない製造間接費もすべて製品原価として配賦するため，売上高や生産量の変化によって原価がどう変化するかがわかりにくいからです。そこで，すべての原価を変動費と固定費に分解し，売上高や生産量の変化に比例して変化する変動費

だけで製品原価を計算するという方法が考案されています。売上高からまず変動費を差し引いて利益（貢献利益と言います）を計算し，そこからさらに固定費を控除することで営業利益を計算するという方法です。このような原価計算の方法を直接原価計算と言います。そして直接原価計算の考え方を用いて売上と利益の関係を分析する手法が損益分岐点分析です。これに対して，第10章で見たような，固定製造間接費も含めて原価を計算する方法は全部原価計算と呼ばれます。

3 固定費と変動費

直接原価計算では，費用[17]を，売上高（活動量）との関係から固定費と変動費に分けます。固定費は，売上高が増減しても変化せず，常に一定額発生する費用を言います。基本的には，売上高がゼロでも発生するのが固定費です。代表的なものとして，減価償却費があります。減価償却は，過去に支出した固定資産取得額の配分なので，売上高が増えても減っても関係なく，一定額発生します。

これに対して変動費は，売上高（活動量）の増減に比例して発生する費用です。つまり売上高が増えれば増加し，売上高が減れば減少する費用です。これの代表的なものは原材料費です。多少の売上高の増減は在庫の増減により吸収することもありますが，基本的には売上高が増えれば，生産量も増え，原材料の消費量も増えることになるので，結果的に原材料費も増えることになるでしょう。逆に売上が減って生産量が減れば，原材料費も減るはずです。

変動費と固定費の分解にはさまざまな方法がありますが，現実には完全な固定や完全な変動費というものは少なく，正確な区分や金額の把握は難しいものとなります。しかし，ここで重要なことは，固定費と変動費をいかに正しく分類するかということではなく，固定費と変動費に区分することで，いろいろなことが見えてくるということです。

---

[17] 厳密には，製造原価を変動費と固定費に分解します。

たとえば前章の設例Bで，生産数量を8万個から6万個に変更したところ，製品の1個当たりの原価は高くなってしまいました。これは，生産量が減っても，機械の減価償却費や労務費の総額が減らず，1個当たりではその負担額が増えたからです。つまりそれらが固定費だったのです。この設例からも，固定費の存在が企業経営に重要な意味をもっていることがわかります。

　それでは，どうすれば実際の費用を固定費と変動費に区分できるのでしょうか。損益計算書は固定費と変動費を区別して記載していないので，分析をしようとすると自ら区分するしかありません。これには，統計的手法を使うなどいろいろな方法がありますが，本章では勘定科目の性質に応じて区分する方法を説明します。たとえば原材料費，販売手数料，運搬費（輸送費）などは一般に売上高に連動するので変動費として考えます。一方，減価償却費や人件費などは短期的には変えられないので固定費とします。ただし人件費[18]は，厳密には工具や作業の種類で計算は異なりますが，ここでは固定費として考えます。

図表11−1　固定費と変動費

	性質	代表的な勘定科目
固定費	売上に関わらず一定の費用 売上がゼロでも発生する費用	減価償却費，給料，福利厚生費
変動費	売上に比例して発生する費用	原材料費，販売手数料，運搬費

4　損益分岐点分析

（1）　損益分岐点とは何か

　費用を固定費と変動費に分類したら，その情報を利用して，損益分岐点（正確に言えば，損益分岐点売上高）を計算することができます。損益分岐点とは，利益と損失の分岐点となる売上高のことで，利益＝0となる点です。つまり，売上高がその点より大きければ利益が出て，その点を下回れば赤字になるような境目のことです。なぜそうなるのかを図表11−2で見てみましょう。

---

[18]　人件費についてはコラムも参照してください。

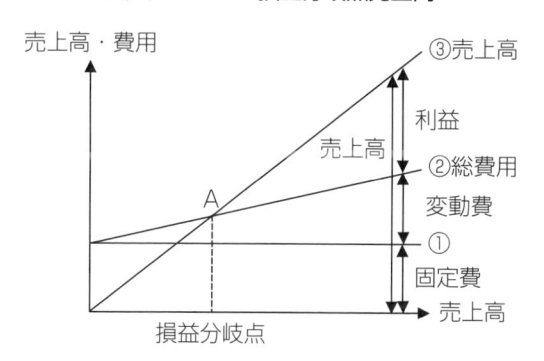

11 利益を生み出す売上高を知ろう－損益分岐点分析

図表11－2　損益分岐点売上高

　図表11－2では，横軸を売上高，縦軸を売上高及び費用とします。固定費は売上高に関わらず一定なので，①のように水平な直線になります。一方，変動費は売上高に比例して発生するので，右上がりの直線となります。固定費と変動費を加えた全体が総費用の直線②です。次に，売上高は（縦軸も横軸も売上高をとっているので）傾き1の直線③で表すことができます。

　このとき，固定費と変動費を合計した総費用の直線②と，売上高の直線③とが交わった点を点Aとします。売上高が点Aよりも右側にあれば，総費用よりも売上高の方が大きく，その差額が利益であり，黒字になります。しかし売上高がA点より左に位置すれば，総費用よりも売上高が小さく，その差額が損失であり，赤字になることがわかります。つまり，点Aを境に，売上高がそれより大きければ黒字，それより小さければ赤字になるので，この点Aを損益分岐点と呼びます。

　このような分析は，原価（Cost）と売上[19]（Volume）と利益（Profit）の関係を分析する手法なので，CVP分析とも呼ばれます。

---

[19] 厳密には，Vは，活動量を表し，英語では，Volume of activity の頭文字をとっています。なお，企業の活動量は，売上高の他にも，販売数量，作業時間などとすることもできます。

（2） 損益分岐点の計算

実際に損益分岐点を計算してみましょう。すでに，固定費と変動費の区分はできたと仮定して，次のような設例Aを考えます。

【設例A】

次の企業の損益分岐点を求めなさい。

　　売　上　高　　1,000万円
　　変　動　費　　　400万円　（＝1,000×0.4）
　　固　定　費　　　480万円
　　営業利益　　　　120万円

【解　説】

この企業は営業利益がプラスで黒字なので，現在の売上高は損益分岐点を超えていることがわかります。それでは損益分岐点となる売上高はいくらでしょうか。損益分岐点売上高は，次のように計算します。

まず，売上高と費用と営業利益の関係は次の式で表せます。

> 売上高－総費用（＝変動費＋固定費）＝営業利益

このうち，変動費は売上高に比例して発生します。売上高1,000万円のときに変動費が400万円なので，売上高に対する変動費の比率（変動費率）は0.4です。一方，固定費は売上高に関わらず480万円発生します。損益分岐点売上高は，損益がちょうどゼロとなる売上高なので，これをXとすると，次のように整理することができます。

　　売上高＝X
　　変動費＝変動費率×売上高＝0.4X
　　固定費＝480万円

これらを元の式に代入すると，次のように計算できます。

　　$X－(X×0.4)－480万円＝0$
　　$X＝480万円／(1－0.4)$
　　$X＝800万円$

売上高が800万円まで落ちたとき、変動費はその0.4倍の320万円発生し、固定費が480万円なので、総費用もちょうど800万円になります。このように、ある売上高に対する変動費と固定費がわかれば、損益分岐点は次の式で計算できます。

$$損益分岐点売上高 = \frac{固定費}{1 - \dfrac{変動費}{売上高}} = \frac{固定費}{1 - 変動費率}$$

(3) 貢献利益から考える

損益分岐点の計算を基に、事業活動が利益を生み出す構造を考えてみましょう。まず、総費用を固定費と変動費に分解すると、営業利益は次の式で表されます。

$$売上高 - 変動費 - 固定費 = 営業利益$$

ここで、「売上高－変動費」のことを貢献利益（限界利益）と呼びます。貢献利益の「貢献」とは固定費と利益の回収に貢献するという意味です。この式は次のように変形できます。

$$貢献利益 = 固定費 + 営業利益$$

図表11－2で売上高の直線の傾きが変動費の傾きより大きいのは、売上1単位当たりの貢献利益がプラスだということを表しています。そして上記の式から、営業利益がゼロのときには、貢献利益と固定費が等しくなることがわかります。売上の増加によって、貢献利益の総額が固定費を超えれば、営業利益が出るのです。たとえば販売単価50円の製品で、原材料費などの変動費が30円かかっているとすれば、1個当たりの貢献利益は20円です。この製品を売れば売るほど、1個20円の貢献利益が積み上がっていき、まず固定費を回収します。そして固定費を回収してさらに売れれば、その分は営業利益となるのです。つまり、損益分岐点とは、貢献利益によってちょうど固定費を回収できる点とい

うことです。

　貢献利益とは売上高から変動費を引いた差額なので，売上が増えれば貢献利益も増えます。つまり貢献利益は売上高に比例します。そこで，売上1単位に対して，その何割が貢献利益になるかという比率を貢献利益率と言います。

$$貢献利益率 = \frac{売上高 - 変動費}{売上高} = 1 - \frac{変動費}{売上高} = 1 - 変動費率$$

この貢献利益率を使うと，損益分岐点売上高の計算は次のように表せます。

$$損益分岐点売上高 = \frac{固定費}{貢献利益率}$$

　つまり，固定費を貢献利益率で割れば，損益分岐点売上高になるということです。

　貢献利益という視点から見ると，いくつかのことがわかります。まず貢献利益がマイナスの活動はしてはいけない，ということです。これは当たり前のことですが，変動費だけで販売単価を超えるようならば，その事業は行うほど赤字が増えるだけなので，特別な理由がない限り，撤退すべきでしょう。逆に言えば，貢献利益がプラスならば，たとえ総利益が赤字でも，ただちに事業を中止すべきとは限らないということです。事業が赤字になったら，即，中止，撤退と思いがちですが，貢献利益がプラスであるということは，それによって固定費の一部は回収しているということです。事業を中止しても固定費は変わらないとすれば，赤字幅は拡大することになります。

　もっとも，固定費を少しでも回収しようと赤字の事業を継続する方がいいか，それとも一時的に赤字が拡大するのは覚悟の上で，その事業には見切りをつけ，新たな収益源を開拓した方がいいのかは，ケース・バイ・ケースなので，簡単には判断できません。撤退するにしても，徐々に撤退する，M&Aで事業ごと売却するなど，さまざまな方法が考えられます。

（4） 売上目標を考える

　損益分岐点は利益を生むために最低限必要な売上高なので，赤字にならないためには少なくともこれだけは売上を上げなければならないという目安になります。しかし，赤字にならないというだけでは，企業としては不十分でしょう。配当の目標や，同業他社の利益水準などから，目標とする利益が決まれば，それを実現するための目標売上高を考えることができます。これが予算編成の最初のステップになります。

　たとえば，先の設例Ａの企業が，来年度の営業利益の目標を今年度の２倍の240万円と決めたとしましょう。貢献利益によって，固定費の480万円を回収し，さらに240万円の利益を上げるために必要な売上高は次のように計算できます。

　目標営業利益240万円の場合の

$$目標売上高 = \frac{480万円 + 240万円}{0.6} = 1,200万円$$

　この設例Ａでは売上高に対する変動費の比率が0.4なので，貢献利益率は0.6です。売上高が1,200万円あれば，貢献利益はその0.6倍の720万円になり，固定費480万円を引いても，240万円の利益が残る計算です。

（5） 損益分岐点を下げるには

　損益分岐点とは赤字にならない最低限の売上高なので，現在の売上高と比較することで，企業の現状が見えてきます。不況になったとき，売上高が何割程度減ったら危ないのか，どこまでの縮小なら耐えられるのか，といったことについてです。現状の売上高に比べて損益分岐点が低いほど，安全と言えます。そこで企業としては，損益分岐点はできるだけ下げておきたいと考えます。どうすれば，損益分岐点を下げることができるのでしょうか。

　損益分岐点は固定費を貢献利益率で割って求められるので，損益分岐点を下げるには，分子の固定費を少なくするか，分母の貢献利益率を上げるかのどちらかです。まず貢献利益率を上げる方法を考えましょう。貢献利益率を上げるためには，変動費率を下げることです。変動費率は，図表11－3における総

費用線の傾きのことです。パターン1のように，総費用線の傾きを小さくすると，損益分岐点は点Aから点Bに移動します。同じ売上高に対して原材料費などの変動費を減らすことで変動費率を下げることができます。

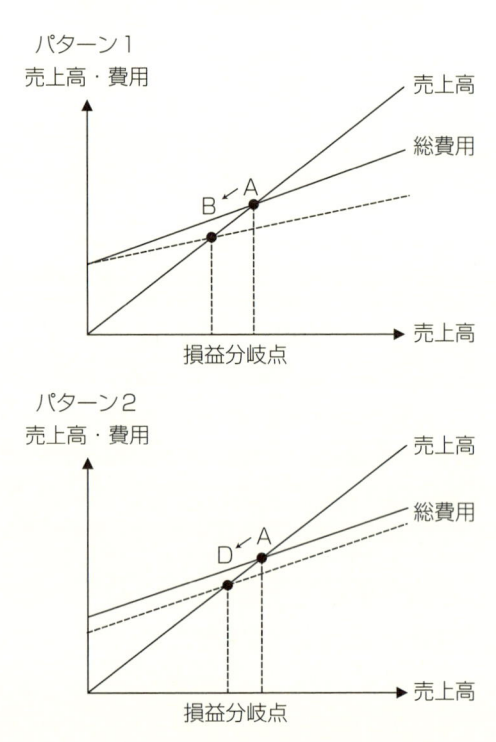

図表11－3　損益分岐点売上高の変化

パターン1
売上高・費用

売上高
総費用
A
B
損益分岐点
売上高

パターン2
売上高・費用

売上高
総費用
A
D
損益分岐点
売上高

　また，変動費率を下げる方法として，販売価格を上げることも考えられます。つまり，同じ変動費に対して売上高が大きくなれば変動費率を下げることができるのです。しかし，この方法は製品価格の値上げになるので，販売数量が減るかもしれず，結果的に今の売上高を維持できるとは限りません。そこで，製品に何か付加価値を付けることで，売上高を減らすことなく，価格を上げることを考える必要があります。

　損益分岐点を下げるもう1つの方法は，パターン2のように，固定費を下げ

ることです。損益分岐点は貢献利益によって固定費を回収できる点なので，回収すべき固定費が小さくなれば，当然，損益分岐点は下がります。つまり固定費が小さいほど，赤字になりにくい企業ということができます。パターン２のように総費用線の切片が下にさがり，損益分岐点が点Aから点Dに移動します。

　以上のように販売価格を高くし，変動費と固定費を減らすことで，企業の安全性を高めることができます。しかし，これらをすべて同時に達成することは困難なので，どこかから手を付けていくことになります。そのとき，変動費を小さくするか，固定費を小さくするかで，企業としての費用構造が変わり，好況や不況に対する対応力も違ってきます。次にこの点を考えてみましょう。

5　企業の費用構造を見る

　次の設例Bを見てください。

【設例B】

　次のA社とB社のそれぞれの損益分岐点を計算しなさい。また，それぞれの企業の特徴について考えなさい。

	＜　A社　＞		＜　B社　＞
売上高	1,000万円	売上高	1,000万円
変動費	800万円	変動費	200万円
固定費	100万円	固定費	700万円
営業利益	100万円	営業利益	100万円

【解説】

　A社とB社は，ともに売上高1,000万円，営業利益100万円の企業なので，売上高と利益だけ見ると，同じような企業に見ます。しかし，費用の構造を見ると，性質が大きく違うことがわかります。A社は変動費が大きく，固定費の小さい企業，逆にB社は固定費が大きく，変動費の小さい企業です。この違いは，現状から売上高が増減した場合に，顕著に表れます。

　たとえば，売上高が200万円減少して，800万円になったらどうなるでしょうか。

< A社 >		< B社 >	
売 上 高	800万円	売 上 高	800万円
変 動 費	640万円	変 動 費	160万円
貢献利益	160万円	貢献利益	640万円
固 定 費	100万円	固 定 費	700万円
営業利益	60万円	営業利益	−60万円

　当然，どちらの企業も，売上高が減れば，利益も減ることになりますが，A社の場合，貢献利益率（売上に対する貢献利益の割合）が20％なので利益の減少は40万円にとどまり，営業利益は60万円となります。これに対してB社は貢献利益率が80％なので，売上高の200万円の減少は利益に160万円のマイナスをもたらし，60万円の営業損失（赤字）に転落してしまいます。つまり売上高200万円の減少は，A社にとっては損益分岐点を下回るほどの影響はないが，B社の場合には損益分岐点を下回ってしまうほどの影響があるのです。しかし一方で，売上高が200万円増加して1,200万円になったときには，利益をより大きく伸ばすのはB社の方となります（各自，計算してみてください）。

　両社の損益分岐点売上高は次のようになります。

　　A社の損益分岐点売上高　　500万円

　　B社の損益分岐点売上高　　875万円

　損益分岐点を計算すると，A社は固定費が少ないので損益分岐点が低く，変動費が大きいため，貢献利益は小さくなっています。そのため，売上高が多少減少しても赤字になりにくい体質であり，不況に強い企業と言えます。しかし貢献利益が小さいために，売上高が伸びても，利益はそれほどには伸びないという構造になっています。薄利多売という言葉がありますが，A社のようなタイプでは，たくさん売らなければ大きな利益は得られません。

　一方，B社は固定費が大きいため，損益分岐点が高く，不況になって売上高が落ちれば，赤字に転落しやすい構造です。変動費が小さいために貢献利益は大きくなっていますが，これは，売上高が1単位減ったときの利益の減少幅も

大きいことを意味します。しかし逆に，売上が伸びるときには利益も大きく伸びる構造だとも言えます。現在の売上高が損益分岐点から少ししか離れていないのにA社と同等の利益を上げているのも，貢献利益が大きいからです。

この設例Bは極端な例ですが，重要なことは，このような構造を理解して経営判断をするということです。たとえば設備投資で最新鋭の機械を導入すれば，減価償却費がかさむので固定費は増えますが，歩留まりが改善して生産効率が高まり，変動費は減るかもしれません。固定費を増やしてでも売上高を伸ばして利益を上げていこうという攻めの経営です。一方，不況のときには固定費の少ない企業ほど「体力」があると言われ，固定費の圧縮が求められます。不況に負けない守りの経営とも言えます。このような費用構造の特徴を理解し，好不況などの外部環境の変化や自社の戦略に対応した構造をつくっていくことが重要です。

Column：固定費の変動費化－なぜ非正規雇用が増えるのか

　本文では人件費を固定費として扱いました。実際には人件費も変動しないわけではありませんが，少なくとも正社員の人件費は売上高に応じて弾力的に増減するというわけにはいきません。ところが最近では，パートやアルバイトだけでなく，派遣労働者や請負労働者などの非正規雇用を増やしていこうとする動きがあります。それは，人件費を売上高に応じて弾力的に増減させたい，つまり"固定費の変動費化"をしたいという思惑の現れのようにもみえます。人件費の変動費化ができれば，変動費は増えますが，固定費は減りますから，損益分岐点を下げやすくなります。本文の設例BのB社タイプからA社タイプへの転換です。これは，不況期に備えるという目先の判断としては理解できます。

　しかし副作用もあります。かつての日本企業は安定した雇用を保証することで，企業との一体感の高い優秀な従業員を確保してきました。非正社員化によって，そうした従業員に蓄積されてきた優れた技術やノウハウ，それに高い忠誠心が失われてしまいます。固定的な人件費は日本企業の強みでもあったのです。そして非正規雇用の増加によって社会不安が高まれば，豊かな消費者の存在というビジネスの基盤も崩れてしまいかねません。それは長期的に見て，本当に合理的な行動なのでしょうか。もう一度考え直してみる必要がありそうです。

演習問題

① 次の資料に基づき，損益分岐点売上高を求めなさい。

損 益 計 算 書

(単位：百万円)

売上高		1,000,000
売上原価		
期首製品棚卸高	0	
当期製品製造原価	450,000	
期末製品棚卸高	0	450,000
売上総利益		550,000
販売費・一般管理費		
販売手数料	110,000	
運搬費	70,000	
給料	180,000	
減価償却費（本社等）	40,000	400,000
営業利益		150,000

製 造 原 価 明 細 書

原材料費	200,000
労務費	150,000
外注加工費	20,000
減価償却費	80,000
当期製品製造原価	450,000

（注）　労務費と減価償却費は固定費，原材料費と外注加工費は変動費と考えて計算すること。

12 投資の可否を判断する

　工場を新設したり，新しい機械を導入したり，というように新規に固定資産を購入することを設備投資と言います。当然，設備投資により新たな事業が行われ，新たなキャッシュ・フローが得られることも考えられますが，一方で設備投資は，一般に金額が大きく，企業にとっては重大な意思決定です。一度購入すると何年にもわたって利用することになり，その影響は長期間に及びます。そこで設備投資の意思決定をするための，さまざまな方法が考案されています。その中でも，「将来にわたって生み出されるキャッシュ・フローを現在の価値に割り引く」という方法は，設備投資の意思決定のみならず，現代の会計やファイナンスの理論の中でよく使われる考え方です。そこで本章では，割引キャッシュ・フロー法（Discounted Cash Flow Method：ＤＣＦ法）を中心に，設備投資の意思決定について解説していきます。

Points
- 設備投資の意思決定はキャッシュ・フローで考える
- 設備投資の意思決定では資金の時間価値を考える
- 設備投資の正味現在価値（ＮＰＶ）を計算する

1　意思決定会計

　経営者は，企業の経営を行う上で，長期的な見通しを立て，そこから具体的な経営計画を立てていかなければなりません。このとき，会計の数値をベース

に個別に計画を立てるさまざまな手法を意思決定会計と呼びます。本章では，企業が直面する個別的な意思決定の問題として，設備投資について説明をします。

多くの資金を使う設備投資やプロジェクトが成功するか否かは，企業の根幹に関わります。そのため，より慎重に将来の見通しを立て，そして実行可能な計画を立てなければなりません。また一般に，設備投資や大きなプロジェクトは長期間に及びます。この設備投資が企業にとって利益を生み出すかどうかを検討するのが，設備投資の意思決定であり，その設備投資をすべきか否かを判断する手法の1つがＤＣＦ法です。

1会計年度で企業が儲かっているかどうかを判断するのは財務会計上の利益です。しかし，設備投資は，その期間が長期間にわたるため，1年間の儲けを計算する財務会計上の利益を，そのまま用いるのでは十分ではありません。

それは，現在の1円と将来の1円が，同じ価値ではなく，単純に比較することができないからです。そこで，たとえば1年後の利益を，現在の価値に変換する計算が必要となります。このように，評価する時点が違うことで生じる価値差額のことを，資金の時間的価値と呼びます。また，利益は「収益－費用」で計算されますが，収益や費用で考えるよりも，単純に現金の収入や支出で考える方が，資金の時間的価値に変換しやすくなります。そこで，効果が長期間にわたる意思決定問題では，財務会計上の利益の代わりに，現金の収入や支出であるキャッシュ・フローが使われます。設備投資においては，その設備が稼働する期間のキャッシュ・イン・フロー（収入）とキャッシュ・アウト・フロー（支出）を考えることが必要となります。

しかし，将来を正しく予測することは，容易なことではありません。遠い将来になるほど，さまざまな事象が確率的に起きるので，不確実な状況となるためです。特に，考慮する期間が長期にわたれば，予測は一層困難となります。本来は，このような不確実性も加味して将来の計画を立てることが必要となりますが，それをしようと思うと数学的にも取扱いが難しくなるので，ここでは，将来のキャッシュ・フローが完全に予測できるとして考えることにします。

2　資金の時間的価値

（1）「現在価値に割り引く」とは何をすることか

　今日の1万円と1年後の1万円は，同じ価値とはなりません。今日1万円をもっているとすると，たとえばそれを銀行に預けることで，1年後には利息がつきます。仮に1年間の利率が1％だとすれば，今日の1万円は，1年後には1万100円になっています。つまり，利率1％の世界で今日の1万円と同じ価値であるのは，1年後の1万100円なのです。逆に，1年後の1万円を今日の価値に直すと，9,900円くらいの価値になります。この計算式は次のようになります。

　　現在の1万円×1.01＝10,100円（1年後の価値）

　　1年後の1万円÷1.01＝9,900.99円（現在の価値）

　このように将来のキャッシュ・フローを現在の価値に換算することを，「現在価値に割り引く」と言い，割り引いた結果の値のことを割引現在価値と言います。ちなみにキャッシュ・フローとは現金の流れという意味ですが，1年後に1万円のお金が入るのであれば，それが1年後のキャッシュ・フローということになります。

　また3年後について考えてみると，どうでしょうか。このときは，年に1回，利息が元本に組み入れられると考えて（これを1年複利と言います），次のように計算します。

　　現在の1万円×1.01^3＝10,303円（3年後の価値）

　　3年後の1万円÷1.01^3＝9,705.90円（現在の価値）

　このように，将来キャッシュ・フローの現在価値では，資金を1年複利で運用できると考えて計算するのが一般的で，n年後のキャッシュ・フローをCF，1年間の割引率をkとすると，その現在価値は次のような式で計算されます。

$$\text{現在価値} = \frac{CF}{(1+k)^n}$$

　分母がn乗になっているのは，1年複利が前提で，n年目のキャッシュ・フローだからです。「割り引く」とは，英語の Discount の訳で，このような考

え方は，Discounted Cash Flow Method（ＤＣＦ法）と呼ばれています。

（2） 割引率とは何か

ＤＣＦ法における割引率とは，利子率に似ていますが，厳密には少し違い，その資産が１年間でどのくらいの利回りと予想されるか，あるいはどのくらいの利回りを期待されるかという，予想利回りないし期待利回りを意味します。利回りとは，元本に対する利益の割合のことです。たとえば元本100万円の株式が年間５万円の配当を生むとすれば，利回りは５％となります。

仮に銀行預金の利子率が１％のとき，株式の利回りも１％だとすると，どうなるでしょうか。確定利回りでリスクがない銀行預金と，リスクのある株式の利回りが同じだったら，わざわざリスクのある方を選ぶでしょうか。このことからもわかるとおり，当然リスクのある株式には，より高い利回りが求められることになります。したがって，リスクのある資産の将来キャッシュ・フローの評価には，高い割引率が使われます。このように割引率は，資産の性質に応じて変わってきます。

実際にＤＣＦ法を実務において利用する際には，割引率をどう設定するかで計算結果は大きく変わってしまいます。したがって，リスクに応じて割引率を適切に設定することがとても重要となります。

3 設備投資の意思決定
（1） 設備投資の意思決定とは何か

今，仮に工場で新鋭設備の導入を検討しているとしましょう。その設備を導入せず，従来の設備で済ますこともできますが，もし新設備を導入すれば，生産効率が高まり生産量を増やしたり，品質が向上したりするなどの効果が期待できるとします。しかし，そのためには初期投資としてキャッシュ・アウト・フローが必要です。その設備を導入すべきか否かをどのように決めるべきでしょうか。

このような意思決定をするためにいくつかの方法が提案されていますが，こ

こでは代表的な方法として、回収期間法と、ＤＣＦ法の一種であるＮＰＶ法を紹介します。

(2) 回収期間法

　まず、日本企業でよく使われていると言われる回収期間法について説明します。この方法は、初期投資を、その後の何年分のキャッシュ・イン・フローで回収できるかを計算する方法です。企業ごとに、3年以内とか、5年以内といった判断基準が決められており、予想される回収期間がそれより短ければ、実行する投資案として採択するというものです。簡単な設例で確認しておきましょう。

【設例Ａ】

　今、ある生産工程を機械化すべきかどうかを検討しています。初期投資に400万円かかりますが、生産効率が改善することによって、その後、機械の耐用期間である6年間の間に、毎年末に100万円ずつ、追加のキャッシュ・イン・フローが生じると予想されます。当社の目標回収期間が3年のとき、この投資は実行すべきか否か、判定しなさい。

【解　説】

　初期投資400万円、毎年のキャッシュ・イン・フローが100万円なので、回収期間は、次のように計算できます。

　　　400万円÷100万円＝4年

　つまり、目標回収期間は3年に対して、この投資案の回収期間は4年であるので、同社の基準に照らして、この投資は実行すべきでないという判断になります。

　初期投資の400万円に対して6年間で600万円の追加収入があり、200万円のプラスなのだから、投資すべきではないかという意見もあるかと思います。しかし、一定の目標回収期間を定めることには意味があります。まず企業の経営において、資金を長期間固定化しておくことは好ましくありません。もっと有効な資金の使い道があるかもしれないからです。また、現在は最新鋭の設備で

も6年間も経つうちに陳腐化してしまう可能性もあります。その場合，耐用年数以前でもさらに最新の設備に取り換えることができるように，資金を早めに回収しておく必要があります。さらに，遠い将来になるほど，何が起こるかわからないので，あまり遠い将来の予測はあてになりません。つまり，リスクが低いものを良い投資案と考え，比較的短い目標回収期間を定めることで，投資案の判断を行っているのです。

（3） 正味現在価値法（NPV法）

回収期間法は比較的簡単でわかりやすいので，よく利用されているようです。しかし，たとえば目標の期間で投資を回収したあとのキャッシュ・フローの多寡は考慮されていませんし，将来のキャッシュ・フローの価値は現在のキャッシュ・フローより小さいということも反映されていません。そこで将来キャッシュ・フローの現在価値を利用して，判定する方法が必要となります。

DCF法を設備投資の意思決定に応用する方法にはいくつかありますが，その中から正味現在価値（Net Present Value：NPV）法を紹介します。NPV法とは，初期投資額とその後のキャッシュ・フローの現在価値を合計して，その投資案件全体の価値を計算する方法です。NPVがプラスであれば実行する価値のある投資，マイナスであれば投資すべきでないという判断になります。また，複数の投資案件を比べるときには，NPVのより大きい方を選びます。NPVの計算は次のようになります。

> NPV＝将来のすべてのキャッシュ・フローの割引現在価値
> 　　　－初期投資額の割引現在価値

初期投資額をI，第t年のキャッシュ・フローをCF_t，割引率をkとすると，

12 投資の可否を判断する

$$NPV = \frac{CF_1}{1+k} + \frac{CF_2}{(1+k)^2} + \cdots + \frac{CF_n}{(1+k)^n} - I$$
$$= \sum_{t=1}^{n} + \frac{CF_t}{(1+k)^t} - I$$

【設例B】

今,ある生産工程を機械化すべきかどうかを検討しています。初期投資に400万円かかりますが,生産効率が改善することによって,その後,機械の耐用期間である6年間の間,毎年度末までに100万円ずつ,追加のキャッシュ・イン・フローが生じると予想されます。割引率を5%として,NPV法でこの投資を実行すべきか否か判定しなさい。

【解　説】

図表12-1　設例Bにおけるキャッシュ・フローの状況

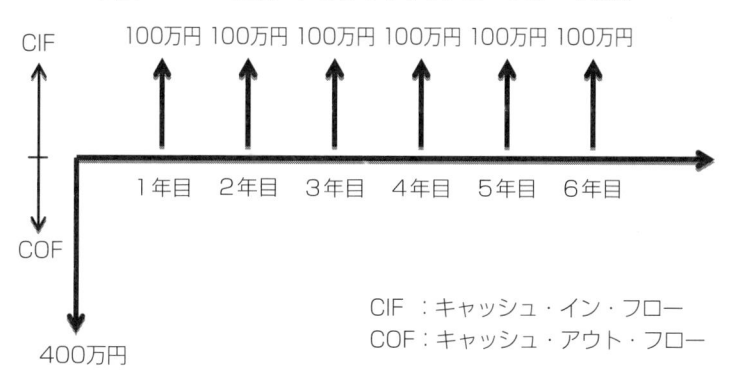

CIF
100万円 100万円 100万円 100万円 100万円 100万円
1年目　2年目　3年目　4年目　5年目　6年目
COF
400万円

CIF：キャッシュ・イン・フロー
COF：キャッシュ・アウト・フロー

$$NPV = \frac{100}{1.05} + \frac{100}{1.05^2} + \frac{100}{1.05^3} + \frac{100}{1.05^4} + \frac{100}{1.05^5} + \frac{100}{1.05^6} - 400$$
$$= 507.50 - 400$$
$$= 107.57 \text{（万円）}$$

NPVが正となり,現在価値でプラスのキャッシュ・フローが得られると考えられるので,この投資案は実行すべきであると判断されます。

4 設備投資の意思決定は正しいか

設備投資の意思決定は，将来キャッシュ・フローの予測や割引率の設定によって判断が変わってくる可能性があります。そのため本章では，将来が確実に予測できる状況を想定して説明しました。しかし，現実にはそんなケースはほとんどなく，そのため，このような計算にはあまり意味はないのではないか，という見方もあります。

しかし，「将来キャッシュ・フローなんて厳密には予想できず，ＤＣＦ法は机上の空論だ」と思うのは，やや短絡的です。たとえば精緻な予測でなくても，複数の投資案件の順位付けは正しくできるかもしれません。ここで重要なのは，ＤＣＦ法の結果は，経営者の意思決定に１つの判断材料を提供するにすぎないということです。最終的な意思決定は，ＤＣＦ法だけによらず，さまざまな角度から検討を行うべきであり，それが経営者の仕事です。会計の情報だけで万能ではなく，またＤＣＦ法には，そのような弱点があることも忘れてはなりません。その上で，経営者は，ＤＣＦ法の結果を，経営の意思決定に活かすことが重要なのです。

演習問題

[1] 今，初期投資400万円で，その後４年間，キャッシュ・イン・フローが下記のように改善する２つの投資案件がある。どちらの投資案件を採用すべきか，割引率を４％としてＮＰＶ法で判定しなさい。

	初期投資額	１年目	２年目	３年目	４年目
投資案Ａ	400万円	400万円	300万円	200万円	100万円
投資案Ｂ	400万円	250万円	250万円	250万円	250万円

13 株式市場は企業をどう評価しているか

　上場企業の株式は証券市場で売買され，株価は日々変動します。これは，市場における企業の評価にほかなりません。それでは株価はどのような論理で決まるのでしょうか。そしてその株価を見てどのような判断をすればいいのでしょうか。本章では，証券市場のメカニズムの基本と，株価の見方の基礎を解説します。

Points
- 投資家はリスクに応じたリターンを求める
- 分散投資によって全体としてのリスクが低減する
- ＰＥＲやＰＢＲで株価の割高・割安を考える

1　株価はどうやって決まるのか

　株価は株式市場で決まります。つまり株式を買いたい人と売りたい人の需要と供給の関係で決まります。投資家が合理的に行動するならば，結果として決まる株価は，その株式の価値を反映したある妥当な水準になると考えられます。それでは，その妥当な水準の株価とは，どのように決まるのでしょうか。

　株式を買うということは，将来にわたって配当を受け取る権利を買うことにほかなりません。それ以外にも議決権や株主提案権などいろいろな権利が付随していますが，ここではそれらは考えないことにして，配当に注目します。すると株式とは，将来にわたって配当というキャッシュ・イン・フローを生む資

産ということになります。そこでその配当が生み出す将来のキャッシュ・フローの現在価値を計算してみましょう。この計算は、前章で説明したDCF法と、基本的に同じ考え方です。今、毎年の配当をD_t、割引率をkとすると、現在価値Pは、次のように表せます。

$$P=\sum_{t=1}^{\infty} D_t = \frac{D_1}{1+k} + \frac{D_2}{(1+k)^2} + \frac{D_3}{(1+k)^3} + \cdots$$

変数の添え字tは、第t期目を意味し、Σ記号は合計を意味します。1年目の配当D_1を$(1+k)$で割り引き、2年目の配当D_2を$(1+k)^2$で割り引き、ということを繰り返し、それらを合計します。kは割引率ですが、これは、投資家がその企業に求める利回りです。リスクの高い企業ほど、高い利回りが要求されるはずです。

このようにして計算された将来キャッシュ・フローの現在価値は、実際の株価とは必ずしも同じになりませんが、理論的には、その差はいずれ吸収され、一致すると考えられます。たとえば、現在の実際の株価が将来キャッシュ・フローの現在価値の合計より低かったら、どうでしょうか。投資家は現在の株価で買えば得をすると考えて、買いが増え、その結果、株価は値上がりするでしょう。逆に現在の株価の方が高い場合、その株価で売れば儲かると考え、そのため売りが増えることで株価は下がるはずです。最終的に、株価は、将来にわたる配当の現在価値と等しいところで落ちつくはずだと考えられます。このように「株価は配当の現在価値合計で決まる」とする考え方は、配当割引モデルと呼ばれています。ただし、配当割引モデルは1つの考え方であって、実際に現実の株価が、これで計算できるわけではありません。

2 リスクとリターンの関係

配当割引モデルの割引率は、投資家がその企業に対して求める利回りなので、期待利回り（または要求利回り、期待リターンなど）と言います。リスクが高い企業ほど、期待利回りも高くなります。それではリスクとは何でしょうか。

13 株式市場は企業をどう評価しているか

　証券投資の理論では、リスクとは期待される利回りの変動の大きさと考えます。たとえば銀行預金は確定利回りで、契約上の利息がほぼ変動せずに確実に入ってきますから、リスクは非常に小さいと考えます。株式投資には、期待した利回りが比較的確実に実現する安定した株式、つまり、リスクの小さい企業の株式もあれば、業績のブレが大きく、利回りも大きく変動する、リスクの大きい企業の株式もあります。

　ただし、株式投資の場合、合理的な投資家は特定の企業に集中して投資することはありません。複数の企業に分散して投資をすることで、リスクを小さくできるからです。1つ1つの企業の投資には個々にリスクがあっても、複数企業に投資していれば、ある企業の業績が悪化して利回りが期待を下回ったとき、他の企業が業績好調で高利回りとなり、結果的にプラスとマイナスが相殺されて、全体として平均的な利回りが実現する可能性が高まるのです。このように複数の企業に投資するときの、投資銘柄全体の組み合わせのことを「ポートフォリオ[20]」と言い、ポートフォリオを組むことで、全体としてのリスクを低減できる効果のことをポートフォリオ効果と言います。そのことを次の設例で確認してみましょう。

【設例A】

　2つの銘柄（P、Q）でポートフォリオをつくってみましょう。それぞれの期待利回り、リスク及び利回りの変動に関する両者の相関係数は図表13-1のとおりとします。

図表13-1　2銘柄の利回りとリスクと相関係数

銘柄	期待利回り	リスク	相関係数
P	15%	23%	-0.2
Q	5%	7%	

---

[20] ポートフォリオとは元々、紙ばさみという意味です。かつて、株券の束を紙ばさみでとめていたことから、投資銘柄の組み合わせ全体のことをポートフォリオというようになったと言われています。

相関係数の値がマイナスとなっているのは，PのリターンがW加（減少）したときQのリターンが減少（増加）する傾向にあることを意味しています。

このとき，PとQへの投資割合を変えていくと，図表13−2に示すように，ポートフォリオ全体の期待利回りとリスクが変化していきます。ポートフォリオ全体の期待利回りは，PとQのそれぞれの期待利回りを投資比率で加重した平均になります。たとえば投資比率がPに80％，Qに20％のとき，全体の期待利回りは，

$0.15 \times 0.8 + 0.05 \times 0.2 = 0.13$（13％）

となります。一方，リスクは，両者のリスクを単に加重平均した値よりも，ポートフォリオ全体のリスクの方が小さくなります。たとえば投資比率がPに80％，Qに20％のとき，両者のリスクを加重平均すると，

$0.23 \times 0.8 + 0.07 \times 0.2 = 0.198$（19.8％）

となりますが，ポートフォリオ全体のリスクは0.182（18.2％）にとどまります。これは，PとQの相関係数がマイナスのために，リスクが一定の確率で打ち消し合っているからです。これがポートフォリオ効果です。

なお，2つの銘柄を組み合わせたときのリスクの計算の方法については，補論を参照してください。ここでは，結果のみを図表13−2に表示しています。

図表13−2　ポートフォリオによる利回りとリスクの関係

投資比率		ポートフォリオの期待利回り	ポートフォリオのリスク	［参考］リスクの加重平均
P	Q			
1.0	0.0	0.15	0.230	0.230
0.8	0.2	0.13	0.182	0.198
0.6	0.4	0.11	0.135	0.166
0.4	0.6	0.09	0.093	0.134
0.2	0.8	0.07	0.065	0.102
0.1	0.9	0.06	0.063	0.086
0.0	1.0	0.05	0.070	0.070

13　株式市場は企業をどう評価しているか

　図表13-2を見ると，投資金額のうちPに10％，Qに90％投資することで，リスクが6.3％と一番低くなっています。このとき，PやQだけを購入するのに比べて，一番リスクを減らすことができるのです。通常リスクと利回り（リターン）の関係は，ハイリスク・ハイリターンもしくは，ローリスク・ローリターンとなりますが，利回りの低いQのみを購入するよりも，ポートフォリオを組むことで高い利回りかつ低いリスクとなります。つまり，上手にポートフォリオを組むことで，できるだけリスクを低くし，それでもある程度リターンを高くすることが可能となります。

　投資家が合理的な行動をとるならば，ポートフォリオ効果を最大限に追求しているはずです。ここでは，銘柄が2つのケースで説明しましたが，投資できる銘柄がもっと多ければ，それらをすべて組み入れることで，ポートフォリオのリスクをより小さくできます。しかし，他方で，どんなにポートフォリオを組んでも無くすことのできないリスクもあります。それは，企業間で相殺できないリスク，言い換えれば，市場全体の動きに連動するため，すべての企業が同じように被るリスクです。そのようなリスクを，市場全体とシステマティックに連動するリスクという意味で，システマティック・リスクと言います。

　システマティック・リスクの大きさは，企業ごとに異なります。企業によって，市場全体の動きに大きく引っ張られるか，引っ張られるとしても動きが小さいかが異なるからです。そこで個々の企業のシステマティック・リスクの大きさを数値化したものを，β（ベータ）と呼んでいます。

　ベータが1より大きい場合は，市場全体よりもその企業のリスクが大きいということで，投資家が求める利回りも大きくなります。そのため，予想配当が同じならば，株価が低く抑えられることになります。逆にベータの小さい企業は期待利回りも小さく，配当が同じならば，株価が高めに付くはずです。したがって，配当割引モデルを前提にするならば，株価は，将来の配当の予測，つまり業績予想とリスクの大きさを反映して決まるということになります。

3 企業価値とは何か

株価の水準を計算することには,どのような意味があるのでしょうか。非上場企業の株式の場合,市場価格がないため,たとえば株式を遺産として相続して相続税を払う場合などには,株価の算定が必要になります。M&A（企業の買収と合併）をするときの買収価格の算定のために,株価水準を求めるニーズもあるかもしれません。

これに対して上場企業の場合は,この種のモデルを工夫して,理論的な株価を算定し,株式の売買の判断に役立てることも考えられます。

また,配当割引モデルは,市場価格の説明モデルの1つになっています。株価を計算するためのモデルではなく,市場で決まっている株価とはどういうものかを説明するためのモデルという意味です。理論上,株価は将来キャッシュ・フローの現在価値になっているはずだという考え方です。そして,株価が将来にわたるすべてのキャッシュ・フローの現在価値ならば,それは株主にとっての価値にほかならないという主張につながります。株価に発行済株式総数をかけた値を時価総額と言い,この時価総額が株主価値を表すと言われます。さらに,この株主価値に有利子負債を加えて企業価値と呼ぶこともあります。

株価×発行済株式総数＝時価総額
時価総額＋有利子負債＝企業価値

このように市場における株価が企業価値の正しい評価だとすれば,経営者の役割はこの企業価値の最大化,つまりは株価最大化になります。したがって経営者は,株価や時価総額を高められるかどうかを判断の基準として行動すべきである,というのが,このモデルが生み出す通念です。このような通念が,「株価重視の経営」という考え方の基盤となってきました。

一方で,企業の価値は,そのような数字で表されるものだけでなく,長年培ってきた社会的な信用やブランド価値,あるいは従業員の企業に対する忠誠心やモチベーション,企業風土など,目に見ない価値も含む,という意見もあります。

このようにさまざまな考え方があり，それらを織り交ぜながら，今後，企業価値に対する研究も進んでいくと考えられます。

4 株価を読む

　投資家の立場から，現在の株価が割高か，割安かを判断するための指標があります。このような指標は多くありますが，ここでは最も代表的なＰＥＲとＰＢＲを紹介します。

　ＰＥＲとは，Price Earnings Ratio（株価収益率）の略で，現在の株価が利益の何倍になっているかを示す指標です。まずＥＰＳ（Earnings per Share：1株当たり利益）を計算し，このＥＰＳで株価を割ったものが，ＰＥＲです。ＰＥＲが大きいということは利益に対して株価が高めに付いているということを意味し，ＰＥＲが小さければ利益に対して株価が低めであることがわかります。実際に計算してみると，一般には10倍から20倍前後が多いようです。ＰＥＲが何倍くらいならば適正か，という明確な基準があるわけではありませんが，同業他社に比べてＰＥＲが低ければ株価が割安（つまり買い時），ＰＥＲが高ければ株価が割高（つまり売り時）といった判断に使えます。

```
ＥＰＳ＝当期純利益÷発行済株式総数
ＰＥＲ＝株価÷ＥＰＳ
```

　ＰＥＲと考え方は似ていますが，貸借対照表の純資産を用いて計算するのがＰＢＲ（Price Book Value Ratio：株価純資産倍率）です。ここでいう Book とは帳簿のことを意味し，Book Value とは帳簿価値，つまり帳簿上の企業の純資産を意味します。ＰＢＲとは，株価が帳簿上の1株当たり純資産の何倍になっているかを示す指標です。

```
1株当たり純資産＝純資産総額÷発行済株式総数
ＰＢＲ＝株価÷1株当たり純資産
```

帳簿上の純資産とは，貸借対照表上の資産の簿価から負債の簿価を差し引いた金額です。もし資産と負債の帳簿価額が現在の時価と等しければ，すべての資産を売却し，その代金で負債をすべて返済したときに残るお金と考えられます。一般的には，その価額よりも，株価の方が高くなっているはずです。なぜなら，個々の資産をばらばらにして売るよりも，1つの企業としてまとめて経営する方が大きな価値を生み出すと考えられるからです。したがってPBRは1倍より大きいのが一般的です。逆に，PBRが1より小さかったら，理論的には株式として保有するよりも，企業を解散して資産を売却した方が儲かるということになってしまいます。ですから，株式市場の評価でPBRが1に近づいたときは，注意が必要です。

Column：株価は正しいのか

　2008年はじめに14,000円前後であった日経平均株価は，サブプライムローン破綻の影響で，同年の後半から2009年にかけて，一時，7,000円台にまで下落しました。その後，2010年には一時持ち直しましたが，こういった経緯もあったせいか，「株価重視の経営」「経営者の役割は株主価値の最大化」といった表現を，以前ほど，見かけなくなったように感じます。格差社会に対する批判が高まる中で，市場重視という議論の人気がなくなってきたこともあるのでしょうが，何より，そこまで下がった株価の責任を，個々の経営者に負わせることはできないと，多くの人が感じたからではないでしょうか。経営に何か落ち度があったからというよりも，グローバルな金融不況の影響を受けての株価下落だったからです。

　そのことが冒頭の疑問へとつながります。「株価は正しいのか」……

　株価などの資産の価格が実態と乖離して高騰することをバブルと言います。その価格は，中身のない泡のようなものだということです。サブプライムローンの問題は，バブルの崩壊として説明されることが多いようです。それ以前にもIT株バブルというのがありましたし，その前には1985年から90年にかけて，日経平均株価が4万円直前まで暴騰した大規模な株式・土地バブルがありました。バブルが崩壊した後には，なぜバブルが起きたのか，さまざまな解説がなされます。けれどもバブルの最中に，それをバブルであると指摘できる人はほとんどいません。というこ

とは，今，目にしている市場価格が正しいという保証もどこにもないわけです。いや，市場価格は短期的には変動しても，長期的には適正な水準に落ち着くのだという意見もあります。たとえそうだとしても，それでは，一体いつの価格が適正な水準だと，どうやって知るのでしょうか。バブルの頃も，崩壊した後も，それが投資家の楽観・悲観を反映した将来キャッシュ・フローの予測だったのだということもできるかもしれませんが，そうだとしたら，投資家の予測とは，なんと当てにならないものなのでしょうか。

むしろ，多くの投資家は，将来の予測よりも，周囲の状況を見て同じような行動をした，という説明の方が自然のようにも思えます。株価が将来キャッシュ・フローの現在価値で決まるというのは，実は幻想かもしれないと言ったら，言いすぎでしょうか。

演習問題

1. 次のデータから時価総額，ＰＥＲ，ＰＢＲを計算しなさい。

   株価：4,000円
   発行済株式総数：3,500,000,000株
   純利益：200,000百万円
   純資産：10,000,000百万円

補論　ポートフォリオ理論の計算

リスクと期待リターンの関係は，2つ以上の銘柄の株を組み合わせて購入することで変化させることができます。たとえば，投資額の半分をある銘柄の購入に充て，もう半分で他の銘柄を購入することで，リスクとリターンを変えることができます。このように各銘柄に投資する比率を変えることで，リスクとリターンを調整することをポートフォリオ理論と呼んでいます。

ポートフォリオ理論を実践するためには相関係数が必要となります。相関係数とは，2つの変数の関連性を示す指標で，-1から1の間の数値で表されます。1ならば，片方の変数が増えれば，もう一方の変数もその変化に対応して増加（比例）します。0ならば，2つの変数は互いにばらばら（独立）に変化します。また-1ならば，片方の変数が増えれば，もう一方の変数はその変化に対応して減少（反比例）します。すなわち，2つの変数の相関係数が1の場合は同じ方向に，-1の場合は逆の方向に変化することを表しています。

それでは，2つの銘柄の組み合わせ，すなわちポートフォリオについて図表13-3のように期待されるリターン，リスク，相関係数，投資比率を仮定して，ポートフォリオのリスクと期待リターンについて考えましょう。

図表13-3　2銘柄の期待リターンとリスクと相関係数

銘柄	期待リターン	リスク	相関係数	投資比率
P	μ_p	σ_p	ρ_{pq}	γ_p
Q	μ_q	σ_q		$1-\gamma_p$

投資比率とは，投資資金のうち何パーセントを片方の銘柄に投資したかを表したものです。たとえば，全額で100万円の投資資金のうち30万円をPへ投資した場合，投資比率γ_pは0.3 $\left(=\dfrac{30}{100}\right)$となります。

2つの銘柄からなるポートフォリオでは，PとQの投資比率によってポートフォリオの期待リターンとリスクが決まり，次のように計算されます。

$$\text{期待リターン}：\gamma_p \times \mu_p + (1-\gamma_p) \times \mu_q$$
$$\text{リスク}：\sqrt{\gamma_p^2 \times \sigma_p^2 + (1-\gamma_p)^2 \times \sigma_q^2 \times \gamma_p \times (1-\gamma_p) \times \rho_{pq} \times \sigma_p \times \sigma_q}$$

実際に2つの銘柄でつくるポートフォリオの期待リターンとリスクを計算してみましょう各銘柄の期待リターン，リスク及び銘柄間の相関係数は図表13-4のとおりです（【設例A】と同様）。

13 株式市場は企業をどう評価しているか

図表13-4 2銘柄の期待リターンとリスクと相関係数（設例）

銘柄	期待リターン	リスク	相関係数
P	15%	23%	−0.2
Q	5%	7%	

相関係数の値からこれら2つの銘柄の株価収益率の変化は逆向きの傾向にあることがわかります。すなわち，Pの株価収益率が増加（減少）したときQの株価収益率が減少（増加）することを意味しています。

このとき，次のような手順で投資比率を変化させ，期待リターンとリスクが，どのように変化するか確認しましょう。

① 投資資金をPへすべて（100％）投資：
② 投資資金をPへ50％投資：
③ 投資資金をPへ10％投資：
④ 投資資金をPへ全く投資しない（0％）：

① **投資資金をPへすべて（100％）投資：**

このとき，Pの投資比率は100％（$\gamma_p = 1$）で，Qの投資比率は0％（$\gamma_q = 1 - \gamma_p = 0$）です。式（13-1）と式（13-2）を用いると，このポートフォリオの期待リターンは15％，リスクは23％になります。

$$\gamma_p \times \mu_p + (1-\gamma_p) \times \mu_q = 1 \times 0.15 + (1-1) \times 0.05 = 0.15$$

$$\sqrt{\gamma_p^2 \times \sigma_p^2 + (1-\gamma_p)^2 \times \sigma_q^2 \times \gamma_p \times (1-\gamma_p) \times \rho_{pq} \times \sigma_p \times \sigma_q}$$
$$= \sqrt{1^2 \times 0.23^2 + (1-1)^2 \times 0.07^2 + 2 \times 1 \times (1-1) \times (-0.2) \times 0.23 \times 0.07}$$
$$= 0.23$$

② **投資資金をPへ50％投資：**

このとき，Pの投資比率は50％（$\gamma_p = 0.5$）で，Qの投資比率は50％（$\gamma_q = 1 - \gamma_p = 0.5$）です。このポートフォリオの期待リターンは10％，リスクは11.3％になります。

$$\gamma_p \times \mu_p + (1-\gamma_p) \times \mu_q = 0.5 \times 0.15 + (1-0.5) \times 0.05 = 0.10$$

$$\sqrt{\gamma_p{}^2 \times \sigma_p{}^2 + (1-\gamma_p)^2 \times \sigma_q{}^2 \times \gamma_p \times (1-\gamma_p) \times \rho_{pq} \times \sigma_p \times \sigma_q}$$
$$= \sqrt{0.5^2 \times 0.23^2 + (1-0.5)^2 \times 0.07^2 + 2 \times 0.5 \times (1-0.5) \times (-0.2) \times 0.23 \times 0.07}$$
$$= 0.113$$

③ 投資資金をPへ10％投資：

このとき，Pの投資比率は10％（$\gamma_p = 0.1$）で，Qの投資比率は90％（$\gamma_q = 1 - \gamma_p = 0.9$）です。このポートフォリオの期待リターンは6.0％，リスクは6.3％になります。

$$\gamma_p \times \mu_p + (1-\gamma_p) \times \mu_q = 0.1 \times 0.15 + (1-0.1) \times 0.05 = 0.060$$

$$\sqrt{\gamma_p{}^2 \times \sigma_p{}^2 + (1-\gamma_p)^2 \times \sigma_q{}^2 \times \gamma_p \times (1-\gamma_p) \times \rho_{pq} \times \sigma_p \times \sigma_q}$$
$$= \sqrt{0.1^2 \times 0.23^2 + (1-0.1)^2 \times 0.07^2 + 2 \times 0.1(1-0.1) \times (-0.2) \times 0.23 \times 0.07}$$
$$= 0.063$$

④ 投資資金をPへ全く投資しない（０％）：

このとき，Pの投資比率は０％（$\gamma_p = 0$）で，Qの投資比率は100％（$\gamma_q = 1 - \gamma_p = 0$）です。このポートフォリオの期待リターンは5.0％，リスクは7.0％になります。

$$\gamma_p \times \mu_p + (1-\gamma_p) \times \mu_q = 0 \times 0.15 + (1-0) \times 0.05 = 0.05$$

$$\sqrt{\gamma_p{}^2 \times \sigma_p{}^2 + (1-\gamma_p)^2 \times \sigma_q{}^2 \times \gamma_p \times (1-\gamma_p) \times \rho_{pq} \times \sigma_p \times \sigma_q}$$
$$= \sqrt{0^2 \times 0.23^2 + (1-0)^2 \times 0.07^2 + 2 \times 0(1-0) \times (-0.2) \times 0.23 \times 0.07}$$
$$= 0.070$$

１つの銘柄への投資（①，④）のときよりも，２つの銘柄を組み合わせることで，③のようにリスクを低くすることができます。

14 法人税の計算を理解しよう

　経済の状況が悪くなると，景気対策の1つとして，たとえば減税が話題になります。企業は，法人税の負担が減ることにより手許資金が増える分，グローバル市場での競争に勝ち残るために，その資金を積極的な投資にまわすこともできます。税金の問題は，企業にとって重要な関心事となります。税金は企業の経営と密接に関わるものなので，本章では，企業に関連する税金のうち，最も影響の大きい法人税を中心に解説していきましょう。

Points
- 企業の所得には法人税が課される
- 課税所得＝益金－損金
- 法人住民税と法人事業税も加えた実効税率は約40%

1　さまざまな税金

　国や地方自治体は，私たちが安全で快適な生活を行うことができるよう，公共サービスを提供します。公共サービスには，警察や消防，教育，防衛，外交，社会福祉，道路整備などさまざまな活動があり，この活動に必要な支出を支えているのが税金です。これらの活動を行うために必要となる，1年間にかかる支出を"歳出"と言います。一方，この歳出を賄うためには収入が必要となり，これを"歳入"と言います。図表14－1は2009年の日本の歳入と歳出を表したグラフです。これを見ると，2009年度の日本の一般会計における歳入は

約107兆円，歳出は約101兆円となっています。歳入の内訳は，税収が約39兆円，国債が約52兆円となっていて，歳入の大部分は税金と国債によるものであることがわかります。国債は，国の借金なので，国債をどんどん発行して歳入を賄うことは当然望ましいことではありません。できる限り税金等によって歳入を賄うことが大切となるでしょう。

図表14−1　日本の歳入と歳出

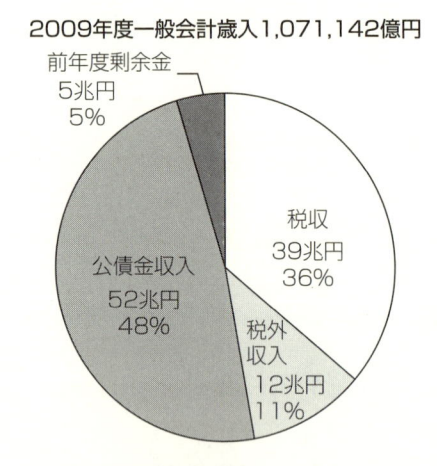

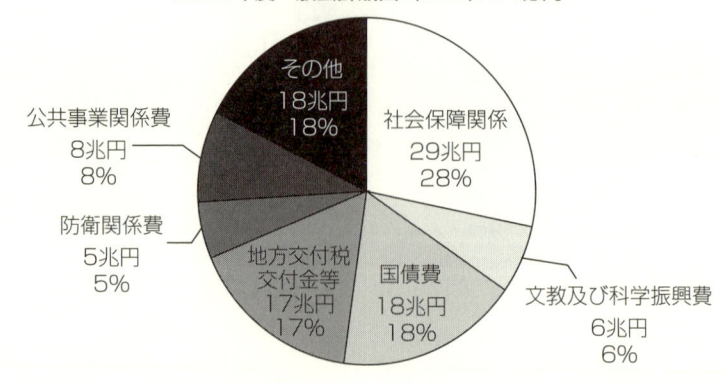

2009年度一般会計歳入1,071,142億円

- 前年度剰余金 5兆円 5%
- 公債金収入 52兆円 48%
- 税収 39兆円 36%
- 税外収入 12兆円 11%

2009年度一般会計歳出1,009,734億円

- その他 18兆円 18%
- 公共事業関係費 8兆円 8%
- 防衛関係費 5兆円 5%
- 地方交付税交付金等 17兆円 17%
- 国債費 18兆円 18%
- 文教及び科学振興費 6兆円 6%
- 社会保障関係 29兆円 28%

14 法人税の計算を理解しよう

　税金にはさまざまな種類があります。税金を課すのが国か地方自治体かによって、国税と地方税に、また税金を負担する人に直接かけるのか間接的にかけるのかによって、直接税と間接税というように、税金はいろいろな分類ができます。税金の中には道路整備目的で利用者に課すガソリン税（揮発油税・地方道路税）のように受益者に負担させるものもありますが（応益原則），多くの税金は，すべての人が均等に負担するのではなく，税金を納める能力（担税能力）の高い人が多く負担するという仕組みをとっています（応能負担の原則）。では，税金の担税能力は何を基準に判断するのでしょうか。この点に焦点をあて，ここでは税金を，資産の保有に課税するもの，消費に課税するもの，所得に課税するものに分けて考えてみましょう。

（1）資産への課税

　資産を保有しているということは，ある程度の担税能力，つまり税金を負担する能力があると考えられます。そこで，このように資産を所有している人に対して課税します。具体的には，地方税として不動産に対して課税する固定資産税や，自動車の所有に対して課税する自動車税などがあります。
　国税としては，相続や遺贈によって取得した財産が基礎控除額を超える場合に課税される相続税などがあります。

（2）消費への課税

　消費への課税の代表的なものは，消費税です。消費税は，普段の生活の中で大変なじみ深いものでしょう。また，タバコやお酒の代金には，消費税以外にもそれぞれたばこ税や酒税が含まれています。

（3）所得への課税

　働いて得られる給料に対しては所得税を支払います。給料以外にもさまざまな個人の所得に対して課税されるのが，所得税です。同様に，法人の所得には法人税が課されます。法人とは，株式会社や一般社団法人，一般財団法人など，

1つのまとまりのある組織を権利・義務の主体として扱うときの呼び名です。法人税は，国税ですが，地方税として法人住民税，法人事業税があります。会計学では，これらをまとめて法人税等とも呼びます。

2 法人税の仕組み

法人税は，法人の所得に対して課税されます。したがって法人税額は，各事業年度の所得である課税所得に法人税率を乗ずることで計算できます。そしてここから，たとえば外国で支払った税額の控除など，種々の税控除額を差し引くなどの調整を行い，納付する金額を計算します。企業は自身でこの税額を計算し，申告を行い，納付します。これを申告納税制度と言います。

通常，企業の申告は，事業年度が始まって6か月経過後に中間申告を行い，事業年度の終了後に確定申告を行います。確定申告では，確定申告書を作成し，貸借対照表，損益計算書等を添付して申請を行い，税額分を期日までに納付します。

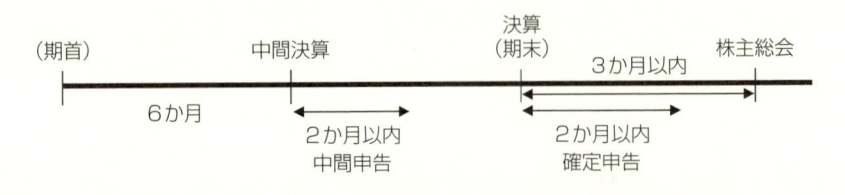

図表14-2　中間申告と確定申告の時系列

(期首)　　　中間決算　　　決算(期末)　　　株主総会
├─── 6か月 ───┼── 2か月以内 ──┼── 2か月以内 ──┤
　　　　　　　　　　中間申告　　　　確定申告
　　　　　　　　　　　　　　　├──── 3か月以内 ────┤

(1) 課税所得の計算

法人税額を計算するためには，まず課税所得を計算する必要があります。課税所得は，益金から損金を引くことで求められます。益金・損金は，会計における収益・費用と概念的には同じものなので，税法上の利益である課税所得と会計上の利益は似ているものと考えられます。しかし，厳密には，収益≠益金，費用≠損金であるため，一般的に課税所得と税引前当期純利益は同じ金額になりません（図表14-3）。

14 法人税の計算を理解しよう

図表14-3　課税所得と利益の違い

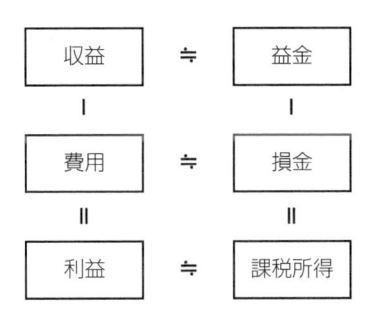

```
収益  ≒  益金
 −       −
費用  ≒  損金
 ‖       ‖
利益  ≒  課税所得
```

　このような違いは，法人税法が政策的な観点から，通常の会計とは異なる取り扱いを定めているためです。課税所得を計算することが目的の会計を税務会計と言い，本書でここまで説明してきた会社法や金融商品取引法による会計とは一部異なる面があります。

　益金・損金の算定は，収益・費用との違いを調整することで算定し，これを税務調整と呼んでいます。法人税法では，「確定した決算」に基づき課税所得を計算するよう求めているため，会計上の当期利益から出発して，法人税法や租税特別措置法による「別段の定め」による調整を行うことで課税所得を計算します。このような計算を確定決算主義と呼んでいます。これにより，会計上の利益の計算以外に，税務上の課税所得をはじめから計算する手間を省くことができます。

　税務調整をする際には，会計上の当期利益を出発点として，会計上は収益であっても，法人税法上の益金としない項目を差し引きます。これを益金不算入項目と言います。たとえば受取配当金は，会計上収益ですが，これを益金に加えてしまうと，課税対象になってしまうので，法人税法上は益金不算入としています。配当を支払う側の会社ですでに法人税を払っているので，２重課税を避けるためです。

　次に，会計上は費用として処理していても，法人税法上は損金として認められない項目を加えます。これを損金不算入項目と言います。たとえば減価償却

費や貸倒引当金,寄付金などには法人税法上の限度額が決められており,限度額を超えて費用処理した金額は,法人税法上は損金不算入となります。交際費は,資本金1億円超の会社は全額損金不算入となります。

このような調整項目での収益と益金,費用と損金の関係は,それぞれ図表14－4のようになります。

図表14－4　収益と益金,費用と損金の調整

損金算入	税法上損金であるが,会計上は費用でない項目
損金不算入	会計上費用であるが,税法上は損金でない項目
益金算入	税法上益金であるが,会計上は収益でない項目
益金不算入	会計上収益であるが,税法上は益金でない項目

実際の計算は,図表14－5にある法人税申告書別表四の作成を使って行います。

（2）　法人税額の計算

課税所得が求まると,次に,課税所得に法人税率を乗じることで法人税額を求めます。法人税率は原則30％ですが,資本金が1億円以下などの一部の法人については軽減措置もあります。なお,確定申告の際には,申告書別表4で計算された課税所得を用いて,図表14－6のような別表一で法人税額を計算します。

14 法人税の計算を理解しよう

図表14-5 法人税法施行規則別表四

所得の金額の計算に関する明細書

区　分		総　額	処　分	
			留　保	社外流出
		①	②	③
当期利益又は当期欠損の額	1	円	円	配当　　円
				その他
加算	損金の額に算入した法人税（附帯税を除く。）	2			
	損金の額に算入した道府県民税（利子割額を除く。）及び市町村民税	3			
	損金の額に算入した道府県民税利子割額	4			
	損金の額に算入した納税充当金	5			
	損金の額に算入した附帯税（利子税を除く。）、加算金、延滞金（延納分を除く。）及び過怠税	6			その他
	減価償却の償却超過額	7			
	役員給与の損金不算入額	8			その他
	交際費等の損金不算入額	9			その他
		10			
		11			
		12			
	小　計	13			
減算	減価償却超過額の当期認容額	14			
	納税充当金から支出した事業税等の金額	15			
	受取配当等の益金不算入額（別表八（一）「14」又は「29」）	16			※
	外国子会社から受ける剰余金の配当等の益金不算入額（別表八（二）「13」）	17			※
	受贈益の益金不算入額	18			
	適格現物分配に係る益金不算入額	19			
	法人税等の中間納付額及び過誤納に係る還付金額	20			
	所得税額等及び欠損金の繰戻しによる還付金額等	21			※
		22			
		23			
		24			
	小　計	25			外 ※
仮　計 (1)+(13)-(25)		26			外 ※
寄附金の損金不算入額（別表十四（二）「24」又は「40」）		27			その他
沖縄の認定法人の所得の特別控除額（別表十（一）「9」又は「12」）		28	△		※　△
法人税額から控除される所得税額（別表六（一）「6の③」）		29			その他
税額控除の対象となる外国法人税の額等（別表六（二の二）「10」・別表十七（二の二）「39の計」）		30			その他
組合等損失額の損金不算入額又は組合等損失超過合計額の損金算入額（別表九（二）「10」）		31			
合　計 ((26)から(31)までの計)		32			外 ※
新鉱床探鉱費又は海外新鉱床探鉱費の特別控除額（別表十（二）「42」）		33			※　△
対外船舶運航事業者の日本船舶による收入金額に係る所得の金額の損金算入額又は益金算入額（別表十（三）「19」「20」又は「22」）		34			
総　計 ((32)+(33)-(34))又は((32)+(33)+(34))		35			外 ※
契約者配当の益金算入額（別表九（一）「13」）		36			
商工組合等の留保所得の特別控除額（別表十（四）「47」）		37			※
商工組合等の社外流出による益金算入額（別表十（五）「39」）		38			
特定目的会社等の支払配当又は認定投資信託に係る受託法人の利益の分配等の損金算入額（別表十八「13」若しくは「33」又は別表十九「9」若しくは「23」）		39	△	△	
非適格合併等又は残余財産の全部分配等による移転資産等の譲渡利益額又は譲渡損失額		40			※
差引計 ((35)から(40)までの計)		41			外 ※
欠損金又は災害損失金等の当期控除額（別表七（一）「2の計」+別表七（二）「11」、「22」又は「31」）		42	△		※　△
残余財産の確定の日の属する事業年度に係る事業税の損金算入額		43	△	△	
所得金額又は欠損金額		44			外 ※

別表四　平二十二・四・一以後終了事業年度分

御注意
「44」の①欄の金額は、①欄の金額に②欄の金額に③欄の本書の金額を加算し、これから「※」の金額を加減算した額と符合することになりますから留意してください。

図表14－6　法人税法施行規則別表一（一）

別表一(一)　普通法人(特定の医療法人を除く。)、一般社団法人等及び人格のない社団等の分……平二十二・四・一以後終了事業年度分

御注意

1　期末の資本金の額又は出資金の額が一億円以下の法人のうち、次の①から③までのいずれかの法人との間にこれらの法人による完全支配関係がある法人に該当する場合には、この表の上段の「非中小法人等」を○で囲みます。
①資本金の額若しくは出資金の額が五億円以上である法人　②法人税法第4条の7に規定する受託法人(2において「受託法人」といいます。)　③相互会社

2　「30」から「32」までの各欄は、期末の資本金の額若しくは出資金の額が一億円以下の法人、資本若しくは出資を有しない法人、一般社団法人等又は人格のない社団等(1に該当する非中小法人等、受託法人及び相互会社を除きます。)に該当する場合に記載します。

税務署受付印	平成　年　月　日　税務署長殿	所管／業種目／概況書／要否／別表等	
納税地	電話(　　　)　－	事業種目	
		期末現在の資本金の額又は出資金の額	円　非中小法人等
		同上が1億円以下の普通法人のうち中小法人等に該当しないもの	
(フリガナ) 法人名		同非区分	特定同族会社　同族会社　非同族会社
		一般社団・財団法人の区分	非営利型法人　普通法人
		経理責任者自署押印	㊞
(フリガナ) 代表者自署押印	㊞	旧納税地及び旧法人名等	
代表者住所		添付書類	貸借対照表、損益計算書、株主(社員)資本等変動計算書又は損益金処分表、勘定科目内訳明細書、事業概況書、組織再編成に係る契約書等の写し、組織再編成に係る移転資産等の明細書

※税務署処理欄

青色申告	一連番号				
整理番号					
事業年度(至)	年　月　日				
売上金額	兆　十億　百万				
申告年月日	年　月　日				
申告区分	庁指定	局指定	指導等	区分	
通信日付印	確認印	省略	年　月　日		
年　月　日		直前事業年度処理	年　月　日		

平成□□年□□月□□日

事業年度分の　　　申告書

平成□□年□□月□□日　(中間申告の場合の計算期間　平成　年　月　日／平成　年　月　日)

翌年以降送付要否	要	○	否	○

税理士法第30条の書面提出有	○	税理士法第33条の2の書面提出有	○

(十億　百万　千　円)

	項目	番号	金額
	所得金額又は欠損金額(別表四「44の①」)	1	
	法人税額 (36)又は(37)	2	
	法人税額の特別控除額(別表六(六)「27」+別表六(七)「16」+別表六(八)「19」+別表六(十)「23」+別表六(十一)「22」+別表六(十四)「32」+別表六(十七)「24」+別表六(十八)「22」+別表六(二十一)「21」)	3	
	差引法人税額 (2)－(3)	4	
	リース特別控除取戻税額(別表六(十二)「30」+別表六(十五)「30」+別表六(十九)「30」+別表六(二十二)「30」+別表六(二十五)「30」+別表六(二十七)「31」)	5	
土地譲渡利益金	課税土地譲渡利益金額(別表三(二)「24」+別表三(二の二)「25」+別表三(三)「20」+別表三(四)「14」)	6	000
土地譲渡利益金	同上に対する税額 (38)+(39)+(40)+(41)	7	
留保金	課税留保金額(別表三(一)「32」)	8	000
留保金	同上に対する税額(別表三(一)「40」)	9	
			00
	法人税額計 (4)+(5)+(7)+(9)	10	
	仮装経理に基づく過大申告の更正に伴う控除法人税額	11	
	控除税額(((10)－(11))と(44)のうち少ない金額)	12	
	差引所得に対する法人税額 (10)－(11)－(12)	13	00
	中間申告分の法人税額	14	00
	差引確定法人税額 (13)－(14)(中間申告の場合はその税額とし、マイナスの場合は、(17)へ記入)	15	00
法人税額の計算・中小法人等の場合	(1)の金額又は800万円×$\frac{}{12}$相当額のうち少ない金額	30	000
法人税額の計算・中小法人等の場合	(1)のうち年800万円相当額を超える金額 (1)－(30)	31	000
法人税額の計算・中小法人等の場合	所得金額(1) (30)+(31)	32	000
法人税額の計算・その他の法人の場合	所得金額(1)	33	000
土地譲渡税額の内訳	土地譲渡税額(別表三(二)「27」)	38	0
土地譲渡税額の内訳	同上(別表三(二の二)「28」)	39	0
控除税額の計算	所得税の額等(別表六(一)「6の③」+「23の計」)	42	
控除税額の計算	外国税額(別表六(二)「21」)	43	
控除税額の計算	計 (42)+(43)	44	
控除税額の計算	控除した金額 (12)	45	
控除税額の計算	控除しきれなかった金額 (44)－(45)	46	

			項目	番号	金額
この申告による還付金額			所得税額等の還付金額 (46)	16	
この申告による還付金額			中間納付額 (14)－(13)	17	
この申告による還付金額			欠損金の繰戻しによる還付請求税額	18	外
この申告による還付金額			計 (16)+(17)+(18)	19	外
この申告が修正申告である場合	この申告前の		所得金額又は欠損金額	20	
この申告が修正申告である場合	この申告前の		課税土地譲渡利益金額	21	
この申告が修正申告である場合	この申告前の		課税留保金額	22	
この申告が修正申告である場合	この申告前の		法人税額	23	
この申告が修正申告である場合	この申告前の		還付金額	24	外
この申告が修正申告である場合			この申告により納付すべき法人税額又は減少する還付請求税額(((15)－(23))若しくは((15)+(24))又は((24)－(19)))	25	外　00
			欠損金又は災害損失金等の当期控除額(別表七(一)「2の計」+(別表七(二)「11」、「22」又は「31」))	26	
			翌期へ繰り越す欠損金又は災害損失金(別表七(一)「3の合計」)	27	
この申告が修正申告である場合のこの申告前の			欠損金又は災害損失金等の当期控除額	28	
この申告が修正申告である場合のこの申告前の			翌期へ繰り越す欠損金又は災害損失金	29	
			(30)の18％相当額	34	
			(31)の30％相当額	35	
			法人税額 (34)+(35)	36	
			法人税額 ((33)の30％相当額)	37	
土地譲渡税額の内訳			土地譲渡税額(別表三(三)「23」)	40	00
土地譲渡税額の内訳			同上(別表三(四)「15」)	41	
			剰余金・利益の配当(剰余金の分配)の金額	47	

還付を受けようとする金融機関等	銀行／金庫・組合／農協・漁協	本店・支店／出張所／本所・支所　預金	郵便局名等
	口座番号	ゆうちょ銀行の貯金記号番号　－	
	※税務署処理欄		

残余財産の最後の分配又は引渡しの日	平成　年　月　日	決算確定の日	平成　年　月　日

税理士署名押印	㊞

（3）法人住民税，法人事業税

　法人税以外にも，法人住民税と法人事業税のように，法人の所得に応じて課される税金があります。法人住民税は地方税で，算定においては均等割部分と法人税割部分[21]があります。均等割とは資本金などに応じて課される税金で，法人税割とは法人税額に応じて課税される税金です。法人税額は，課税所得に法人税率を乗じて決まるので，結果的には法人税割部分も，課税所得に比例した税金となります。法人税割部分の住民税率は，地方によって異なりますが，標準税率は17.3%[22]（都道府県民税5%，市町村民税12.3%）です。ここから計算すると，法人税率は30%なので，課税所得に対しては5.19%となります。

　法人事業税は地方税で，課税所得に応じて課される税金であり，税率は課税所得に対して9.6%[22]です。

　なお，これらの法人税，法人住民税，法人事業税を合計すると44.79%となりますが，法人事業税は損金算入されるため，支払った年度には節税効果があります。これらのことを考慮した税率は，次のように40.87%と求められ，これを実効税率と呼びます。

$$\frac{法人税率＋（法人税率×住民税率）＋事業税率}{1＋事業税率}$$

$$=\frac{0.3＋(0.3×0.173)＋0.096}{1＋0.096}$$

$$=0.4087$$

（4）税効果会計

　会計上の利益と税法上の課税所得は異なりますが，このズレには2つの種類があります。1つは，費用・収益の認識時点と益金・損金の認識時点が異なることによる差異（一時差異）で，もう1つは，会計上は収益や費用であっても，法人税法上は益金や損金にはならない差異（永久差異）です。

---

[21] 法人住民税は，その他に，預貯金の利子に対して課税される利子割もあります。
[22] 2011年5月現在

このうち，一時差異については，会計と税法の認識時点の違いのために，会計上，本来支払うべき法人税額（税引前当期純利益に実効税率を掛けた金額）と，実際に支払う法人税額とが異なることになります。そこで，この違いを調整するための会計上の方法として，税効果会計という方法が考案されています。税効果会計は，より適切な期間損益計算をするための会計上の手法なので，実際の納税額には何ら影響はなく，いわゆる節税効果とは無関係です。また，交際費のように，会計と税法の違いが永久に埋まらない項目については，税効果会計の対象になりません。

　たとえば，ある年に（仮に〇1年度とします），取引先の状況などを勘案して，会計上，適切と考える貸倒引当金を計上したところ，法人税法上の限度額を超えてしまった，という場合を考えてみましょう。この場合，限度額を超えた部分は，税法上は損金不算入ですから，その分，〇1年度の課税所得が多くなり，法人税額も大きくなります。翌年の〇2年度に実際に貸し倒れが発生したとすると，会計上はすでに〇1年度に費用を計上していますが，法人税法上は〇2年度に初めて損金算入することになり，今度は，〇2年度の法人税額が少なくなります。

　つまり〇1年度に支払った法人税額は，法人税法上は正しい税額であるとしても，会計上の利益と比べると「払いすぎ」だったと言えるわけです。そこで，この払いすぎた分は，損益計算書で「法人税等」として計上せず，「繰延税金資産」という勘定科目で，いったん貸借対照表に計上して，翌年に繰り延べておきます。このようにして，会計上の利益と法人税等の期間対応を図るのが税効果会計です。

3　税制と経営

　納税が国民の義務であるのは当然のこととはいえ，法人の利益（課税所得）に対して約40％もの支払いをしなければなりません。特に，日本の法人税率は高いと言われており，平成9年までの実効税率は50％程度もありました。それ以降引き下げが行われて現在の約40％にはなっていますが，それでも世界的に

14 法人税の計算を理解しよう

見るとまだ高いという意見もあり，今後もさらなる引き下げが検討されています。税率が高いことは，日本企業が税率の安い海外へ移動することや海外企業の日本への進出を阻む原因にもなります。一方，企業の積極的な設備投資などを促すために，投資減税なども国が政策として行っています。種々の減税措置も考慮して，実際の税引前当期純利益と法人税額の関係を調べると，日本の実質的な税率は海外に比べて突出して高いとは言えない，という意見もあるようです。このように税制と経営には，密接な関係があります。

企業が納税を戦略的に考え，企業にとって有利な納税を行う計画，もしくはその計画を実行することをタックスプランニングと呼び，近年その重要性が強調されています。なお，タックスプランニングとは，脱税のことではありません。タックスプランニングは，あくまでも税法や会計基準に沿った上で，つまり合法的に納税を計画的に行うことです。

演習問題

次の資料から所得金額を計算し，法人税額を計算しなさい。なお，期末資本金は，1億円です。

【資　料】

1　当期利益　　50,000,000円
2　所得金額の計算上税務調整すべき事項
　(1)　交際費の損金不算入額　　1,000,000円
　(2)　売上計上洩れ　　500,000円
　(3)　(過年度)減価償却超過額の当期容認額　　1,000,000円
　(4)　受取配当金の益金不算入額　　500,000円

15 企業の責任について考えよう

　企業は社会の中の存在です。そして社会には，今，エネルギー問題や地球温暖化，貧困など，さまざまな課題があります。これに対して国や自治体などにはそれぞれの立場から果たすべき役割がありますが，企業の活動もそれらの社会的課題に密接に関わる場合がありますし，また，解決策を提供できる場合もあります。そこで企業も，社会の構成員として，それらの課題に取り組む責任を共有すべきではないでしょうか。少なくとも社会にマイナスの影響を与えないよう，配慮すべきではないでしょうか。これが，企業の社会的責任という考え方です。かつては，経営学のテキストなどで詳しく取り上げられることは少なかったかもしれませんが，今や，企業活動に責任が伴うということは，企業について学ぶ際，最初に知っておくべきことの１つになったと言ってもよいでしょう。そこで最後に，企業と社会の関係に目を向けていくことにします。

Points

- 企業活動には責任が伴う
- ＣＳＲとは法律を超えた環境・社会問題への取組み
- 社会との対話が必要

１　企業の社会的責任（ＣＳＲ）とは何か

　ここ数年，企業の社会的責任（Corporate Social Responsibility：ＣＳＲ）という考え方は，急速に社会に浸透してきました。ＣＳＲとは何なのでしょうか。

企業に社会的責任を求めるという考え方は，新しいものではなく，1960年代から70年代にかけて，注目を集めました。当時，日本では水俣病をはじめとする四大公害病裁判があり，欠陥製品や買占めなどに対する社会的批判も強かったので，必然的に企業の社会的責任という言い方には，企業批判的なニュアンスがありました。しかしそのような流れは80年代以降，いったん下火になりました。それが再び注目を集めるようになったきっかけは，2000年以降のヨーロッパの動きです。

　EUは，さまざまな政策を実施する際，グリーン・ペーパーと呼ばれる政策文書を発表して意見を募るのですが，2001年に「CSRのためのヨーロッパの枠組みの促進」と題するグリーン・ペーパーを公表して，EUとしてCSRを推進していくことを示しました。その中では，CSRを「企業が社会と環境への配慮を，事業活動及びステイクホルダーとの相互関係の中に自発的に（on a voluntary basis）組み込んでいく概念」と定義しています。そして，社会的責任とは，単に法的な要求を満たすことではなく，規制順守を超えて，人的資源や環境，ステイクホルダーとの関係により多く投資することだと述べています。

　また，国連は1999年にグローバル・コンパクト（Global Comapct）と題する10原則を公表し（図表15－1参照），以後，世界の企業に署名を求めています。ここでいう compact とは協定とか盟約という意味で，グローバル・コンパクトは持続可能な社会の実現のために企業が守るべき社会との約束を意味します。これもCSRのモデルの1つと考えられています。

　2010年には国際標準化機構（International Organization for Standardization：ISO）が，組織の社会的責任に関する国際規格としてISO26000（Guidance on social responsibility）を公表しました。ISOとは，もともと工業製品の国際標準規格を策定してきた機関ですが，近年は品質管理や環境マネジメントなどの経営に関わる国際規格も策定しています。それらは，企業としての方針を定め（Plan），実行し（Do），結果を評価し（Check），必要な改善行動をとる（Act）という形で，品質や環境に関する効果的な管理の仕方を示したものです。ISO26000も同様に組織運営に関わる国際規格です。これ

は，法的強制力のあるものではなく，組織が社会的責任に取り組む際の手引きとして策定されました。その中では，社会的責任として取り組むべき具体的な課題が7つあげられています。①組織統治，②人権，③労働慣行，④環境，⑤公正な事業慣行，⑥消費者課題，⑦コミュニティへの参画及びコミュニティの発展の7つです。

このように，ＣＳＲとは単に法令を守るという範囲を超えて，環境問題や労働問題，人権問題などに配慮し，また，取り組むことだという定義は徐々に共有されつつあります。しかし表面的に定義だけを覚えても，なぜそれが必要なのかを理解しなければ，ＣＳＲを本質的に理解したことにはならないでしょう。そこで次にＣＳＲが必要とされる理由を考えてみましょう。

図表15－1　グローバル・コンパクトの10原則

(人権)
原則1：企業は，国際的に宣言された人権の保護を尊重し，支持しなければならない。
原則2：企業は，人権侵害に加担しないことを確実にしなければならない。
(労働)
原則3：企業は，結社の自由と団体交渉権の効果的な承認を維持しなければならない。
原則4：企業は，あらゆる形での強制労働及び拘束労働を排除しなければならない。
原則5：企業は，児童労働を完全に廃止しなければならない。
原則6：企業は，職業と雇用に関する差別を撤廃しなければならない。
(環境)
原則7：企業は，環境問題に対する予防的アプローチを支持しなければならない。
原則8：企業は，環境問題に対する一層の責任を推進するために率先して行動しなければならない。
原則9：企業は，環境に配慮した技術の開発と普及を促進しなければならない。
(腐敗防止)
原則10：企業は，強要や賄賂を含むあらゆる形の腐敗の防止に取り組まなければならない。

2 なぜCSRが必要なのか

(1) 企業の立場からのCSR

　CSRに関するヨーロッパの動きが紹介され始めた当時、日本では、食品の偽装表示事件や自動車会社の欠陥車問題などの企業の不祥事が注目を集めていました。そのためCSRも当初、規制順守（コンプライアンス：Compliance）として理解される傾向がありました。コンプライアンスのできない企業は、長期的には社会の批判を受けて、存続できなくなる、という論調です。EUのCSRの定義は法令を超えた活動というものですから、コンプライアンスとCSRを結び付けるのは日本独特の見方です。

　しかし日本でもやがて、コンプライアンスだけではCSRとして不十分だとの認識が広がり、「守りのCSR」と「攻めのCSR」という言い方がされるようになりました。守りのCSRとは、コンプライアンスなど、社会の批判を防ぐための取組みです。一方、攻めのCSRとは、従業員の満足度を高めたり、環境問題に取り組んで企業の評判を高めたりすることで、積極的に企業価値の向上につなげる活動を意味します。企業として社会的課題に取り組むことは、CSRであると同時に、長期的には利益にもつながるというのです。この考え方は、EUのグリーン・ペーパーとも共通するものです。

　CSRに取り組むべき理由も、このように理解される傾向があります。CSRを果たすのは、企業自身のためだというわけです。最近では、CSRを戦略的に活用し、CSRの面で先行することで他社に対して優位に立つという、戦略的CSRという考え方も提唱されています。その背景には、法令を超えた企業の自主的取組みである以上、企業自身にメリットのあることでなければ推進できないという事情もあると思われます。

　しかし、戦略的CSRの考え方が本当なら、企業の競争行動に任せておけば環境問題や社会問題は市場競争のメカニズムを通じて自動的に解決していくということになりそうです。CSRに取り組む企業ほど競争で優位に立つはずだからです。そうだとしたら、なぜ、いまだにさまざまな環境問題や社会問題が存在するのでしょうか。この点は、それらの問題の本質をどう捉えるかという

ことと関わります。そこで，次節で企業活動と環境問題や社会問題との関係を改めて考え直してみることにしましょう。

（2） 社会的課題解決の手段としてのCSR

　企業活動は市場を通して行われますから，社会の支持がなければ成り立たないとも言えます。利益を上げているということは，市場で有用と評価される財・サービスを提供して，コスト以上の金額を回収しているということですから，そのことですでに社会的責任を果たしているという人もいます。しかし，企業はすべてのコストを負担しているとは限りません。たとえば大気や排水中に有害物質を放出すれば公害が発生し，人の健康を害するという大きなコストが発生する可能性がありますが，法規制が不十分な場合，原因となった企業がそのコストを負担しないということが起こり得ます。このように，原因者が負担しないコストのことを外部コストと言い，社会が負担することになる場合は社会的コストとも言います。

　たとえば多くの企業が事業活動で二酸化炭素（CO_2）を排出する結果，地球温暖化が進行し，豪雨や水害などの被害をもたらす可能性があります。だからといって，CO_2を出した個々の企業は被害のコストを負担しませんから，これは典型的な社会的コストです。多くの環境問題や社会問題の本質は，このように企業が負担しない社会的コストの存在にあると言っていいでしょう。きれいな空気や良好な自然環境といったものは，価値はあっても値段が付きにくいので，過剰に消費されやすいのです。

　そこで，法律によって有害物質の排出に税金を課したり，排出を規制したりします。それに応えて企業が何らかの対策をとれば，企業のコスト負担は増えますが，排出が減ることで社会的コストは削減されます。このようにそれまで外部コストだったものが企業内部のコストへと転化することを，外部コストの内部化と言います。外部コストが内部化されれば，企業は，収益がコストに見合うかを合理的に考えて，より適切な判断をすると期待されます。また，雇用問題や消費者問題のように，企業との力関係の違いから不公正が起こりやすい

分野では，法規制を設けて労働者や消費者の保護を図っています。

ですから，環境問題や社会問題には法規制で対応し，企業はその枠内で利益の追求に専念するというのが，初歩の教科書が教える役割分担です。経済活動は市場に委ねることが最も効率的だと考えられているからです。市場は効率を追求し，政府が公正を担保するというわけです。

ところが現実には，このように単純に割り切るだけではうまくいかないことが，多々生じてきました。実際には，すべての問題に法規制で対応できるわけではないのです。その理由は，合意形成に時間がかかり，規制が遅れがちになる，規制される側からの圧力がある，経営の自由度を高めることが優先され，規制がむしろ緩和される傾向にあるなど，さまざまですが，より本質的には，規制だけでは解決できないような複雑で難しい問題が増えてきたからです。

たとえば，かつての水俣病は工場排水に含まれた有機水銀が原因でした。これはとても悲惨な公害でしたが，水質汚濁防止法などの法律で排水規制を設けてきちんと監視すれば，その後の発生は防止できます。一方，近年注目を集めている地球温暖化の原因はCO_2やメタンなどの温室効果ガスですが，CO_2の排出を規制するのは簡単ではありません。それはあらゆる経済活動に関わっているからです。2008年の世界全体のCO_2排出量は294億トン，そのうち日本は3.9％に当たる11.4億トンを排出していますが，その内訳は図表15－2に示すように，工場などの産業部門が37％，運輸部門が20％，スーパーやコンビニなどの商業施設とオフィスが21％，家庭が15％でした。原因がいかに幅広いかがわかると思います。産業部門の排出が多いのは鉄鋼業や化学工業など多くの業種でエネルギーを大量に使うからですが，それは私たちの生活に不可欠な物資を生産しているのです。輸送が滞れば私たちの生活にただちに影響しますし，家庭での排出が多いのは照明やエアコン，その他家電製品を使うことが生活の前提になっているためです。それぞれに対策はあるでしょう。しかし，それをすべて法律や規制で指示することは不可能です。地球温暖化に限らず，世界的な水不足や食糧問題，生態系の保護，貧困と経済格差の問題など，法規制も重要だとはいえ，法規制だけでは解決できない問題がたくさんあります。い

まだに環境問題や社会問題がなくならないのは,そのためです。

それでは,このように影響が外部コストとなるために通常の市場メカニズムの中では考慮されず,法規制でも対処できない問題にどう対応したらよいのでしょうか。そこで出てくるのが,法律で規制されなくても,個々の企業が自主的な判断で環境問題や社会問題に配慮して行動したり,自発的に問題解決に取り組んだりするという考え方です。個々の企業が主体的に取り組むことによって,環境や社会への配慮を経済のメカニズムの中に組み込んでいこうというのです。これをCSRと捉えるならば,それは企業が競争上の優位を得るための手段というより,社会的課題を解決するための企業に対する社会からの要請であり,法規制に代わる手段だと言えるでしょう。

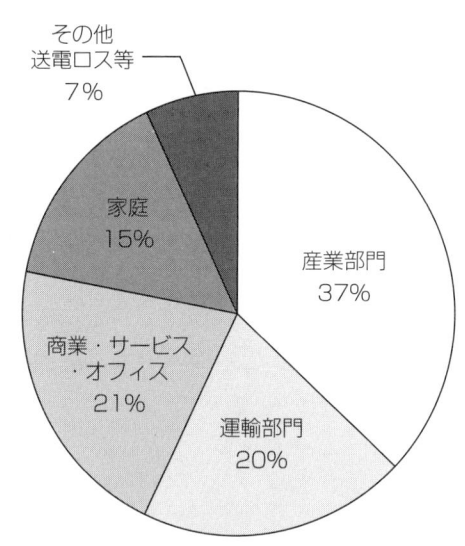

図表15-2　日本の2008年CO_2排出量内訳
11.4億トン

- 産業部門 37%
- 運輸部門 20%
- 商業・サービス・オフィス 21%
- 家庭 15%
- その他送電ロス等 7%

(3) 持続可能な社会のためのCSR

　社会的課題を解決するためとはいえ，なぜ企業が法規制以上のことをしなければならないのか，納得できないという人もいるかもしれません。企業が利益以外のことを考えるのは不合理だというのです。日常生活では利益のことだけ考えて行動する人は稀ですが，いったん企業に入ると，利益のみを追求すべきだとする思い込みは根強いものがあります。しかしこれは，目の前の短期的な合理性に囚われた見方ではないでしょうか。

　国連が設置した「環境と開発に関する世界委員会（ブルントラント委員会）」は，1987年の最終報告書「Our Common Future」の中で，私たちの社会が目指すべき方向を「持続可能な発展（sustainable development）」と表現しました。持続可能な発展とは「将来世代のニーズを満たす能力を損なうことなく，現在世代のニーズを満たすような発展」を意味します。逆に言えば，現在のような経済活動を続けていけば，今以上に豪雨や水害が頻発したり，森林資源や水産資源が枯渇したりして，将来世代のニーズを満たせなくなる可能性が高いということです。今の社会は持続可能でないというわけです。社会が持続可能でないのに，企業だけが利益を上げ続けられるはずはありません。良好な自然環境や持続的な資源の利用，安定した社会などは企業活動の基盤をなすものですから，持続可能な社会を実現することは，長い目で見れば，企業も含めたその社会のメンバー全員の共通の利益となるはずです。そこで，法規制だけでそれが実現できないならば，影響力の大きい企業が率先して取り組むべきではないか，それが社会の構成員としての責任なのではないかと考えるのです。企業には，その影響力に見合った責任があると考えるわけです。

　そのような持続可能な社会の実現に資する企業の力を，サステナビリティ（Sustainability：持続可能性）と言います。この言葉は，「企業自身が存続する能力」と誤解されやすいのですが，その本来の意味は「環境と社会と経済のトリプル・ボトムラインである」と言われます。ボトムラインを普通に訳せば一番下の行という意味ですが，損益計算書の最終行は当期純利益ですから，一般にボトムラインといえば利益のことを意味します。これに対してトリプル・

ボトムラインとは,単に金銭的利益,つまり株主にとっての利益だけでなく,環境や社会面での成果も合わせた三重の（トリプル）成果を上げることを意味しています。これまでは profitability,つまり利益を獲得する力が強い企業が良い企業と評価されてきましたが,今後,社会にＣＳＲという考え方が根づいてくれば,sustainability が高いことが良い企業の条件になっていくものと期待されます。

3　ＣＳＲをどのように実践するか
(1)　ＣＳＲの実施体制

　言葉でＣＳＲを唱えるのは簡単ですが,実際には,それをどのように推進するのでしょうか。その方法について,特に決まりがあるわけではありませんから,ＩＳＯ26000なども参考にして,各社がそれぞれふさわしい方法を考えることになります。この節では,ＣＳＲで先行する企業が実際にどのように推進しているのか,その要点を示します。

　まず,ＣＳＲは企業全体の経営方針に関わりますので,経営トップが責任をもって方針を示すことが重要です。その方針を実行するために,ＣＳＲ推進に責任をもつ担当役員（取締役など）を決め,実務を担当するＣＳＲ推進室などの部署を設けます。

　しかしＣＳＲ担当部署だけがＣＳＲに関わる活動をすると考えたのでは,真のＣＳＲにはならないでしょう。本来のＣＳＲとは,本業と切り離された付加的な活動ではなく,生産活動や日々の取引などの日常的な判断の中に内在化させるべきものだからです。そこで,すべての従業員へのＣＳＲ意識の浸透を図るとともに,実際の業務の中にＣＳＲに関わる具体的な手順を組み込むようにします。たとえば研究開発のテーマの中に地球環境問題の解決に資する技術開発を盛り込む,生産現場で廃棄物の削減に取り組む,部品や原材料を購入する取引先の選定の際に相手企業の労働環境や自然環境への配慮も勘案する,といったことです。

（2） ステイクホルダーとの対話

　環境や社会の問題は，主に企業の外部で生じています。ですから，CSRを考えるとき，企業外部の声を聞くことは重要です。企業活動と何らかの形で関わり，また企業活動から影響を受ける人をステイクホルダーと言いますが，このステイクホルダーとの対話（ステイクホルダー・ダイアログ）を通して，自社に対する評価や社会からの要求を理解することができます。代表的な外部のステイクホルダーは，投資家，消費者，地域住民などですが，雇用や労働環境の問題では従業員も重要なステイクホルダーになります。また，環境問題や社会問題を代弁するNPO（非営利組織）との対話も重要です。最近では，単に対話をするだけでなく，ステイクホルダーに対して一定の約束（コミットメント）をして，その成果を報告するというステイクホルダー・エンゲージメントという考え方も提唱されています。

　それでは，ステイクホルダーとの対話やエンゲージメントは，具体的にはどのように行えばよいでしょうか。比較的大手の企業では，年に1回，大学の研究者やNPOの代表など外部の有識者を招いて役員たちと意見交換の場を設け，その内容を後述の環境報告書やCSR報告書に掲載するといったことが行われています。これは，企業が社外の声に接する良い機会になっているようです。もっとも，多様なステイクホルダーの中から一部の人を招いて意見を聞くのですから，誰を呼ぶかが重要になります。ともすれば批判的なことを言わない，企業にとって都合のよい人を集めがちですが，それでは対話の価値は半減してしまうでしょう。

　より日常的に社外の声を聞くことも重要です。たとえば取引先とは営業担当者が日常的に接していますし，消費者に対しては苦情相談などの消費者対応窓口があります。自社と関わりの深いNPOなどと定期的に懇談会を開くといったことも有用です。

（3） CSRの情報開示

　企業は，株主に対してアカウンタビリティを果たさなければなりません。会

計はそのためのツールとしての意味があります。同じように，社会に対しても，環境や社会に対する責任（Responsibility）をいかに果たしたか，説明する責任（Accountability）があるのではないでしょうか。また，企業は年に1回，有価証券報告書を作成して公表します。これは，株主や投資家に対して意思決定に役立つ情報を提供するという意味があります。ＣＳＲが長期的に見て企業の利益や企業価値に関わるなら，それに関する情報も開示する必要があるのではないでしょうか。

　そこで，自社が環境問題や社会問題にどのように関わり，どのように取り組んできたかについて，毎年，報告書を作成する企業が増えてきました。そのような報告書は環境報告書，ＣＳＲ報告書，サステナビリティ報告書などと呼ばれ，法的な義務は何もないのですが，環境省の調査によると日本では1,000社以上の企業が自主的に作成していると言われます。多くの場合，冊子にして印刷していますし，ホームページからもダウンロードできるようになっています。自主的な報告書ですから，記載内容も自由ですが，環境省が，一般に期待される記載項目や留意点をまとめた「環境報告ガイドライン」を示しています。また，国際的にはグローバル・リポーティング・イニシアティブ（ＧＲＩ）という非営利民間の組織がサステナビリティ報告書のガイドラインを公表しています。図表15－3は，環境省の環境報告ガイドラインが求める記載項目の概要です。

　一方，投資家向けの有価証券報告書では，会計情報としての財務諸表のほかに，「対処すべき課題」「事業等のリスク」などの表題で，企業の直面する課題やリスク情報を記載する欄があります。環境や社会に関する問題も，それが将来のキャッシュ・フローや企業価値に関わり，投資家の意思決定に重要な影響を及ぼす事項であれば，これらの欄に記述情報として記載しなければなりません。

　このようにＣＳＲに関わる情報がきちんと開示され，それが市場で適切に評価されるようになれば，企業はＣＳＲにより一層取り組みやすくなるでしょう。情報開示を整備することは，ＣＳＲを推進するためのインフラになるのです。

figure 15-3　環境省「環境報告ガイドライン」が示す記載項目の概要（一部抜粋）

（1）　基本的項目 　・　経営責任者の緒言 　・　報告対象となる組織・期間 　・　環境に関する目標・計画・実績の総括 　・　マテリアルバランス（環境からのインプットとアウトプット） （2）　環境マネジメントの状況 　・　環境配慮の基本方針 　・　環境マネジメントシステムの状況 　・　環境会計情報 　・　環境に配慮した投融資の状況 　・　サプライチェーンマネジメントの状況 　・　環境に配慮した新技術，製品開発，輸送等の状況 （3）　環境負荷の状況 　・　総エネルギー投入量とその低減対策 　・　温室効果ガス排出量とその低減対策 　・　化学物質の排出量，移動量とその低減対策 　・　廃棄物の総排出量，最終処分量とその低減対策 （4）　環境効率指標 　・　環境効率指標（環境負荷に対する経済価値の比率） （5）　社会的課題に対する取り組み 　・　労働安全衛生に関する状況 　・　雇用に関する状況 　・　人権に関する状況 　・　地域貢献・社会貢献に関する状況 　・　製品安全・消費者保護に関する状況
出典：環境省『環境報告ガイドライン』が示す記載項目のうち主なものを抜粋。一部の表現をわかりやすく変更しています。

（4）　投資家の社会的責任

　長期的に見て，CSRが社会全体にとって合理的なことであっても，金融市場や証券市場がこれを適切に評価しなければ，CSRを推進することは難しいでしょう。企業の活動は市場での資金調達に支えられているからです。

　貸借対照表の貸方を思い出してください。資金の源泉となっているのは，過

15 企業の責任について考えよう

去の利益の蓄積を除けば，株主からの出資と社債や借入金などによる資金調達です。資金の出し手は誰でしょうか。企業に融資をするのは銀行や信用金庫などの金融機関です。一方，株式や社債を買う投資家には一般の個人もいますが，より巨額の資金を扱い，影響力があるのは年金，生命保険，投資信託などの組織です。これら，個人の資金を集めて株式や債券などで運用する組織のことを機関投資家と言います。

金融機関や機関投資家は，元来，通常の産業部門と比べて社会的な責任が重いと考えられます。どのような企業や，どのような分野に資金が集まるかによって，その後の経済や社会の姿が左右されるからです。また彼らは資金の提供者として投融資先の企業の経営に意見を言える立場に立つこともあります。それはCSRを推進し得る立場だと言ってもよいでしょう。

ところが近年，多くの機関投資家が目先の利益を優先し，短期志向（Short-termizm）に陥っているとの批判が高まりました。そのために市場の安定が損なわれ，長期的にはかえって経済的な損失を招いたというのです。サブプライムローンの破たんとその後の金融危機や，資源価格の乱高下は典型的な例です。市場を通して資金を調達する企業も，資本市場からの圧力を受けますので，機関投資家が短期的な利益を求める中で，企業だけが長期的な観点から環境や社会の問題に取り組むには限界があります。逆に，機関投資家が長期的な視野に立ち，CSRを評価するならば，企業の取組みも進みやすくなります。

これに関連して国連は，2006年に図表15－4に示す6項目の責任投資原則（Principles for Responsible Investment：PRI）を公表し，世界の機関投資家に署名を呼びかけました。持続可能な社会を実現する上で，巨額の資金をもつ機関投資家の役割が大きいと考えたからです。これに呼応して，欧米の公的な年金や政府系の基金を中心に署名が広がり，2010年時点で署名した機関投資家の運用資産総額は18兆ドル（約1,800兆円）に達しています。しかし，残念ながら日本ではまだ関心が十分に高まっているとは言えないようです。今後，金融機関や機関投資家の社会的責任について議論が深まることが期待されます。

図表15-4 責任投資原則（要約）

　機関投資家としてわれわれは受益者の最善の長期的利益のために行動すべき義務を負っている。この受託者の役割において，環境，社会，コーポレート・ガバナンス（ＥＳＧ）の問題が投資パフォーマンスに影響しうると信じる。またわれわれはこれらの原則を適用することで，社会のより広範な目的とよりよく連携できると考える。したがって，受託者責任と整合する範囲でわれわれは以下の事項を公約する。
1　投資分析と意思決定のプロセスにＥＳＧ問題を組み込む。
2　株主としての方針と実践にＥＳＧ問題を組み込み，積極的な株主となる。
3　投資先企業によるＥＳＧ問題に関する適切な情報開示を促す。
4　投資業界における本原則の受容と実行を促進する。
5　本原則の実行を効果的なものとするために相互に協力する。
6　本原則の実行に関する行動と進捗について報告する。

（出典）　United Nations(2006), The Principles for Responsible Investment を基に筆者要約。

Column：社会の課題に取り組む企業たち

　現在では，ある程度の大企業になれば，ＣＳＲを考えない企業の方が珍しいでしょう。企業のホームページを見れば，たいてい，「わが社のＣＳＲ」とか「環境への取り組みについて」といった項目がありますので，実際の企業がＣＳＲとして具体的に何をしているのか，ぜひ，確認してみてください。きっとさまざまな驚きや発見があると思います。

　一方，中堅・中小企業の場合には，人的，資金的な余裕がなく，改めてＣＳＲに取り組むことは難しいのが普通です。しかし大企業でなくても，先進的な取り組みをしている例はあります。たとえば，廃棄物の再資源化事業からスタートしたアミタ株式会社は，平成22年末時点で従業員数224人という中堅企業ですが，荒廃した森林を再生するために牛を放牧する「森林の牧場」という事業を考案しました。牛に森林の草を食べさせ，1年中自然放牧した健康な乳牛から搾った「森林の牛乳」を販売するというものです。今は森林ノ牧場株式会社が事業を引き継いでいます。

　またＮＰＯのグローバル・ヴィレッジを母体に生まれたフェアトレードカンパニー株式会社は，インドの無農薬の綿製品やバングラディシュの手織り製品，ケニ

ア製のアクセサリーなど，さまざまな商品を輸入して販売しています。フェアトレードとは，環境や生産者の権利に配慮し，途上国の貧しい人々から公正な値段で買い付ける貿易のことです。貿易を通して環境保護と途上国支援を推進しようというのです。同社の従業員数は平成22年時点で39人ですが，自由が丘，原宿，銀座に直営店も出しています。

　クレアンは企業のＣＳＲ報告書の企画の提案をしたり，作成の進行管理をしたりするなど，ＣＳＲ報告書の作成支援を手掛けています。しかし単にＣＳＲ報告書をつくるのでなく，作成するプロセスを通して，その企業のＣＳＲ活動そのものを推進することを目指しています。そのために経営トップへのインタビューや，ステイクホルダー・ダイアログの掲載など，さまざまな提案をしてきました。クレアンの従業員数は30人ですが，顧客となる企業のＣＳＲを促進することで，よりよい社会を実現していこうというのです。

　これらの例は，社会に対する責任を果たすというより，もっと積極的な意味で，事業活動を通して社会的課題に取り組んでいると言った方がいいかもしれません。ここにあげたのはごく一部の例にすぎず，ほかにもさまざまな企業が活躍しています。こんなふうに，大企業でなくても，アイディア次第で，社会の問題に取り組む企業が次々に出てくるなら，世の中も捨てたものではないと思いませんか。

演習問題

　実際の日本企業はＣＳＲとしてどのようなことをしているのだろうか。興味のある企業を１社選び，ホームページからＣＳＲ報告書を入手して，読んでみよう。どのようなことが読み取れるか。

索　引

(記号・アルファベット)

β（ベータ） -------------------------------- 165
ＡＳＢＪ（企業会計基準委員会） --------- 30
Ｂ／Ｓ（貸借対照表） --------------------- 31
ＣＳＲ（企業の社会的責任） ------------ 185
ＣＳＲ報告書 ------------------------------ 195
ＣＶＰ分析（損益分岐点分析） --------- 143
ＤＣＦ法（割引キャッシュ・フロー法）
-------------------------------- 154, 156, 160
ＥＤＩＮＥＴ ------------------------------- 23
ＥＰＳ（1株当たり利益） ----------------- 167
ＧＲＩ -------------------------------------- 195
ＩＡＳＢ（国際会計基準審議会） ------ 30, 47
ＩＦＲＩＣ（IFRS解釈委員会） ----------- 48
ＩＦＲＳ（国際財務報告基準） -------- 30, 47
ＩＰＯ --------------------------------------- 18
ＩＲ --- 23
ＩＳＯ26000 ------------------------------- 186
ＪＡＳＤＡＱ ------------------------------- 17
Ｍ＆Ａ（合併・買収） --------------------- 25
ＮＰＯ ------------------------------------- 194
ＮＰＶ法（正味現在価値法） ------------ 157
Ｐ／Ｌ（損益計算書） --------------------- 31
ＰＢＲ（株価純資産倍率） --------------- 167
ＰＥＲ（株価収益率） --------------------- 167
ＲＯＡ（総資本利益率） - 117, 118, 119, 125
ＲＯＥ（株主資本利益率） ---- 116, 119, 125

(あ)

アカウンタビリティ ------------------------ 6
赤字 -- 33, 98
粗利 --------------------------------------- 110
安全性 -------------------------------------- 97

(い)

委員会設置会社 ---------------------------- 11
意思決定会計 ------------------------ 153, 154
意思決定有用性 ---------------------------- 20
一時差異 ------------------------------ 181, 182
インサイダー取引 -------------------------- 26

(う)

売上原価 ---------------------------------- 108
売上債権 ----------------------------------- 42, 67
売上総利益 ------------------------------ 108, 110
売上高営業利益率 ----------------------- 112
売上高利益率 --------------------- 107, 111, 118
売掛金 -------------------------------------- 67

(え)

永久差異 ---------------------------------- 181
営業活動によるキャッシュ・フロー ----- 89
営業利益 ------------------------------- 33, 110
益金 ---------------------------------- 176, 177
エンゲージメント ------------------------ 194

201

（お）

親会社 ——— 78

（か）

会計監査 ——— 22
会計基準 ——— 28
会計発生高（アクルーアル：accrual）— 93
会社 ——— 2
会社法 ——— 2,9
回収期間法 ——— 157
外部コスト ——— 189
確定決算主義 ——— 177
掛け取引（信用取引） ——— 99
貸方 ——— 41
貸し倒れ ——— 68
貸倒引当金 ——— 70
課税所得 ——— 176,182
合併・買収（M&A） ——— 25
株価 ——— 161,162
株価収益率（PER） ——— 167
株価純資産倍率（PBR） ——— 167
株式 ——— 3
株式会社 ——— 1
株式公開 ——— 18
株式市場 ——— 161
株式の相互持合 ——— 50
株主 ——— 4
株主価値 ——— 166
株主資本 ——— 100
株主資本等変動計算書 ——— 93
株主資本利益率（ROE） ——— 116
株主総会 ——— 5

借方 ——— 41
環境報告ガイドライン ——— 195
環境報告書 ——— 195
監査法人 ——— 22
監査役 ——— 11
勘定科目 ——— 42
勘定式 ——— 38
間接費 ——— 130
間接法 ——— 89
管理会計 ——— 28,139
関連会社 ——— 78

（き）

期間損益計算 ——— 32
機関投資家 ——— 197
企業 ——— 1
企業会計基準委員会（ASBJ） ——— 30
企業価値 ——— 166
企業価値の最大化 ——— 7
企業集団 ——— 50,78
企業内容等の開示に関する内閣府令 ——— 20
企業の社会的責任（CSR） ——— 185
規則主義アプローチ ——— 48
キャッシュ（cash） ——— 87
キャッシュ・アウト・フロー ——— 88,154
キャッシュ・イン・フロー ——— 88,154,161
キャッシュ・フロー（cash flow）
——— 87,158,162
キャッシュ・フロー計算書 ——— 87,92
共益権 ——— 4,10
金融資産 ——— 73
金融商品取引法 ——— 13,19,24
金融庁 ——— 21

(く)

グリーン・ペーパー 186
グローバル・コンパクト 186
黒字 33
黒字倒産 93

(け)

経営のサイクル 140
計算書類 12, 94
経常利益 35, 110
経費 129
決算整理 64
決算整理仕訳 64
原価 127, 128
原価企画 135
原価計算 127
原価差異 137
減価償却 71
原価低減 133, 134
現在価値 155, 158, 162
原則主義アプローチ 48

(こ)

公開買付 25
合計試算表 58
貢献利益（限界利益）.... 141, 145, 146, 149
貢献利益率 146
公正価値 49
工程 131
公認会計士 22
コーポレート・ガバナンス 5
子会社 78
国際会計基準審議会（IASB）...... 30, 47
国際財務報告基準（IFRS）........ 30, 47
国税 175
固定資産 38, 101
固定費 140, 141
固定比率 102
固定負債 39, 102
個別決算 12
コンバージェンス（収束化）.......... 30
コンプライアンス 188

(さ)

歳出 173
歳入 173
財務会計 28, 139
財務活動によるキャッシュ・フロー 91
財務諸表 27, 31
財務諸表等規則 29
財務体質 43
債務超過 98
財務レバレッジ 119, 125
材料費 129, 133
サステナビリティ 192
サステナビリティ報告書 195
残存価額 72
残高試算表 59

(し)

自益権 4, 10
時価総額 166
事業のリスク 2
資金繰り 93
資金繰表 93
自己株式 15
自己資本 100

自己資本比率 ―――――― 99, 100
自己資本利益率 ――――― 116
自己責任 ――――――――― 19
資産 ――――――――――― 38
資産負債アプローチ ――― 48
持続可能な発展 ――――― 192
実効税率 ―――――― 181, 182
実際原価計算 ―――― 128, 129
私的整理 ――――――――― 105
資本回転率 ――――― 118, 119
資本市場 ――――――― 13, 14
資本の欠損 ―――――――― 98
資本利益率 ――――― 116, 118
社会的コスト ―――――― 189
収益 ――――――――――― 33
収益性 ――――――――― 115
収益費用アプローチ ――― 48
純資産 ―――――――――― 39
証券取引所 ―――――――― 16
上場 ――――――――――― 16
少数株主 ―――――――― 82
消費税 ――――――――― 175
証憑書類 ―――――――― 52
正味現在価値法（NPV法）― 158
所得税 ――――――――― 175
所有と経営の分離 ―――― 5
仕訳 ―――――――――― 51, 52

(す)

ステイクホルダー ―― 13, 194
ステイクホルダー・ダイアログ ― 194

(せ)

税金 ―――――― 173, 174, 175
税効果会計 ――――― 181, 182
精算表 ――――――――― 61
製造原価 ―――――――― 129
制度会計 ―――――――― 28
税引前当期純利益 ――― 111
税務調整 ―――――――― 177
責任投資原則 ――――― 197
設備投資 ―――――― 153, 154
全部原価計算 ――――― 141
戦略的ＣＳＲ ――――― 188

(そ)

総勘定元帳 ―――――― 56
総資本 ――――――――― 100
総資本利益率（ROA）― 117, 118
損益計算書（P/L）――― 31, 32
損益分岐点 ―― 142, 143, 145, 147, 149
損益分岐点売上高 ― 142, 145, 146
損益分岐点分析（CVP分析）― 142
損金 ――――――――― 176, 177
損失 ――――――――――― 69

(た)

貸借対照表（B/S）―――― 31, 36
代表取締役 ―――――――― 5
耐用年数 ―――――――― 72
タックスプランニング ―― 183
棚卸資産 ―――――――― 42
他人資本 ―――――――― 100
短期志向 ―――――――― 197
単元株 ――――――――― 10

索　引

（ち）

地球温暖化 ----------------------------------- 190
地方税 -- 175
直接原価計算 -------------------------------- 141
直接費 -- 130
直接法 -- 89

（て）

定額法 -- 71
ディスクロージャー ----------------------- 19
手形 -- 67
転記 -- 56

（と）

当期純利益 ------------------------------ 35,111
東京証券取引所 ------------------------------ 16
倒産 --- 97,105
倒産処理手続 ---------------------------------- 98
投資家 --- 14
投資活動によるキャッシュ・フロー ----- 91
取締役 -- 5
取引 --- 51
トリプル・ボトムライン ------------------ 192

（な）

内部化 --- 189

（は）

配当 --- 3,161
配当割引モデル --------------------- 162,165,166
破産法 -- 105
発行市場 ------------------------------------- 15
発生主義 --------------------------------- 35,36

（ひ）

引当金 --- 70
1株当たり利益（EPS） ----------------- 167
費用 --- 33
標準原価 --------------------------------------- 137
標準原価計算 --------------------------------- 136

（ふ）

風説の流布 ------------------------------------- 26
複式簿記 --- 52
複利 -- 155
負債 -- 39
歩留まり -------------------------------------- 134
不良債権 -- 43
不良在庫 -- 43
ブルントラント委員会 --------------------- 192
不渡り -- 99
粉飾決算 --------------------------------- 22,79

（へ）

変動費 ----------------------------------- 140,141
変動費率 -------------------------- 146,147,148

（ほ）

包括利益 -- 49
包括利益計算書 -------------------------------- 49
報告式 --- 38
法人税 ------------------------------------ 173,146
法人税額 --------------------------------- 176,178
法定実効税率 -------------------------------- 111
法的倒産処理手続 ------------------------- 105
ポートフォリオ ----------------------------- 163
ポートフォリオ効果 --------------------- 163,165

ポートフォリオ理論 ------------------------ 169
簿記 -- 28, 51

(ま)

マザーズ ---------------------------------- 16

(み)

未実現利益 -------------------------------- 80
民事再生法 ------------------------------- 105

(も)

持分 --- 4
持分法 ------------------------------------ 78, 83

(ゆ)

有価証券届出書 -------------------------- 19
有価証券報告書 -------------------------- 19
有形固定資産 ----------------------------- 71
有限責任の原則 --------------------------- 4

(よ)

予算編成 -------------------------------- 140, 147
与信管理 ---------------------------------- 69

(り)

リスク --------------------------------- 162, 163
リスク・マネー ----------------------- 2, 14
流通市場 ---------------------------------- 16
流動資産 ------------------------------- 38, 101
流動比率 ------------------------------ 101, 102
流動負債 ------------------------------- 39, 101

(れ)

レバレッジ効果 ------------------------ 119, 126
連結決算 ---------------------------------- 12, 80
連結子会社 ------------------------------- 113
連結財務諸表 -------------------------- 77, 113
連鎖倒産 ----------------------------------- 99
連単倍率 --------------------------------- 113

(ろ)

労務費 ---------------------------------- 129, 133

(わ)

割引キャッシュ・フロー法（DCF法）
-- 153
割引現在価値 --------------------------- 155
割引率 -------------------------------- 155, 156, 162

【著者紹介】

水 口　　剛（みずぐち　たけし）
現職：高崎経済大学経済学部教授　博士（経営学）
略歴：1984年，筑波大学卒業。ニチメン㈱，英和監査法人等を経て，1997年，高崎経済大学講師，2008年より現職。日本公認会計士協会・環境会計専門部会長，環境審議会・環境と金融専門委員会委員などを歴任。
主著：『環境と金融・投資の潮流』（編著，中央経済社，2011年），『環境経営・会計』（共著，有斐閣，2007年），『社会を変える会計と投資』（岩波書店，2005年），『企業評価のための環境会計』（中央経済社，2002年）等。

平 井 裕 久（ひらい　ひろひさ）
現職：高崎経済大学経済学部准教授　博士（工学）
略歴：大阪大学大学院博士後期課程修了。名古屋商科大学講師，同准教授を経て，2009年より現職。
主著：『原価計算入門』（共著，中央経済社，2011年），『管理会計（会計学叢書）』（共著，新世社，2008年），『現代会計学の基礎』（共著，税務経理協会，2007年）等。

後 藤 晃 範（ごとう　あきのり）
現職：大阪学院大学企業情報学部准教授
略歴：東京理科大学大学院博士後期課程満期退学。大阪学院短期大学講師，同助教授，同准教授を経て，2011年より現職。
主著：『経営・経済のための数学』（共著，ミネルヴァ書房，2010年），『管理会計学テキスト（上級編）』（共著，税務経理協会，2008年），『現代会計学の基礎』（共著，税務経理協会，2007年）等。

著者との契約により検印省略

平成23年10月10日　初版第1刷発行　　　　企業と会計

著　者	水　口			剛
	平　井	裕		久
	後　藤	晃		範
発行者	大　坪	嘉		春
印刷所	税経印刷株式会社			
製本所	株式会社　三森製本所			

発行所　〒161-0033　東京都新宿区　　株式　税務経理協会
　　　　下落合2丁目5番13号　　　会社
　　　振　替　00190-2-187408　　電話　(03)3953-3301（編集部）
　　　ＦＡＸ　(03)3565-3391　　　　　　(03)3953-3325（営業部）
　　　　URL　http://www.zeikei.co.jp/
　　　乱丁・落丁の場合は，お取替えいたします。

Ⓒ　水口　剛・平井裕久・後藤晃範　2011　　　Printed in Japan

本書を無断で複写複製（コピー）することは，著作権法上の例外を除き，禁じられています。
本書をコピーされる場合は，事前に日本複写権センター（ＪＲＲＣ）の許諾を受けてください。
　　　JRRC〈http://www.jrrc.or.jp〉　eメール：info@jrrc.or.jp　電話：03-3401-2382〉

ISBN978-4-419-05689-6　C3034